Tú puedes superar
la depresión

DR. JOHN PRESTON

Tú puedes superar
la depresión

Una guía para la prevención y la recuperación

EDICIONES OBELISCO

Si este libro le ha interesado y desea que le mantengamos informado
de nuestras publicaciones, escríbanos indicándonos qué temas son de su interés (Astrología,
Autoayuda, Ciencias Ocultas, Artes Marciales, Naturismo, Espiritualidad, Tradición…)
y gustosamente le complaceremos.

Puede consultar nuestro catálogo en www.edicionesobelisco.com.

Colección Psicología
TÚ PUEDES SUPERAR LA DEPRESIÓN
John Preston

1.ª edición: enero de 2016

Título original: *You can beat depression*

Traducción: *Raquel Mosquera*
Maquetación: *Marga Benavides*
Corrección: *Sara Moreno*
Diseño de cubierta: *Enrique Iborra*

© 1989, 1996, 2000, 2001, 2004, John Preston
(Reservados todos los derechos)
Originariamente publicado en inglés
por Impact Publishers, California, USA.
Edición en español publicada por acuerdo
con Bookbank Lit. Ag., Madrid, España.
© 2016, Ediciones Obelisco, S. L.
(Reservados los derechos para la presente edición)

Edita: Ediciones Obelisco, S. L.
Pere IV, 78 (Edif. Pedro IV) 3.ª planta, 5.ª puerta
08005 Barcelona - España
Tel. 93 309 85 25 - Fax 93 309 85 23
E-mail: info@edicionesobelisco.com

ISBN: 978-84-9111-063-7
Depósito Legal: B-106-2016

Printed in Spain

Impreso en España en los talleres gráficos de Romanyà/Valls S. A.
Verdaguer, 1 - 08786 Capellades (Barcelona)

Si estás deprimido probablemente no te apetezca mucho leer un libro. No estás solo. La mayoría de gente que atraviesa una depresión experimenta baja energía y dificultad para concentrarse. He escrito este libro teniendo eso en cuenta. Es corto, claro y directo al grano. Creo que te resultará práctico y fácil de leer.

Tanto si compras este libro como si no, *por favor*, ten en cuenta que la depresión es:

- Muy común (afecta un 10 por 100 de personas cada año y a 1 de cada 5 durante su vida).
- Muy grave; puede causar un enorme sufrimiento y puede durar meses si no se trata.
- Pero la depresión es *muy* tratable.

¡Sin embargo, sólo un tercio de las personas deprimidas buscan tratamiento!

Espero que este libro sea de ayuda, pero si no haces nada más, ¡por favor, busca un tratamiento ya! Llama a la asociación de salud mental de tu localidad para que te deriven a un especialista o habla con tu médico de cabecera. *Toma medidas ahora*. Hay maneras de superar la depresión.

JOHN PRESTON

Para más información sobre la depresión, por favor, contacta con:
Depression Awareness (D/ART) Program
National Institute of Mental Health
5600 Fishers Lane, Room 10-85
Rockville, MD 20857
Para folletos gratuitos, llama a: D/ART: 1- 800- 421- 4211
o visita: www.nimh.nih.gov.
National Mental Health Association
1021 Prince Street
Alexandria, VA 22314 – 2971
Teléfono: 1 – 800 – 969 – NMHA Web: www.nmha.org.
Tú puedes superar la depresión

Para David y Rachal.

Agradecimientos

Quiero agradecer los esfuerzos pioneros de los doctores Albert Ellis, Aaron Beck, John Rush y David Burns. Sus ideas e innovaciones han despertado nuevas esperanzas para las personas que sufren de depresión.

Un agradecimiento especial a Isabel Davidoff y a los miembros del Programa de Concienciación de la Depresión del NIMH (National Institute of Mental Health). Este maravilloso programa está marcando una diferencia en la percepción pública de la depresión como una enfermedad tratable. Mi editor, el doctor Robert Alberti, ha proporcionado numerosas y útiles sugerencias. Aprecio su ayuda profundamente.

Un agradecimiento especial a dos buenos amigos y colegas: el doctor John O'Neal y el doctor Mike Duveneck. Su aliento, apoyo y amor me han sostenido.

A Bonnie, mi esposa: gracias por pasar tu vida conmigo y compartir nuestras metas para reducir el sufrimiento humano.

Por último, deseo expresar una enorme gratitud a mis pacientes, que me han enseñado cómo sobrevivir y cómo crecer.

JOHN PRESTON, *doctor en Psicología*

Introducción

La depresión es dolorosa

Es una enfermedad incapacitante que afecta a millones de personas cada año, que causa una enorme angustia emocional e interfiriere en la vida cotidiana, familiar y laboral, lo que aumenta el riesgo de padecer una enfermedad física e incluso a veces conduce al suicidio. Sin embargo, como voy a dejar claro en este libro, la depresión es una enfermedad muy tratable. Lamentablemente, la mayoría de las personas deprimidas no son tratadas y no son conscientes de la ayuda que hay disponible.

Uno de los aspectos más dolorosos de la depresión es la sensación de indefensión e impotencia que suelen sentir las personas deprimidas. Puede que estés experimentando una sensación como si estuvieras atrapado, incapaz de superar profundos sentimientos de desesperación y desesperanza. Los amigos que se preocupan por ti pueden tratar de animarte diciendo: «Las cosas van a mejorar…, mira el lado bueno…». La mayoría de las veces estas palabras de ánimo hacen poco para levantar el velo de tristeza y pesimismo. Sólo podrás encontrar la verdadera esperanza cuando descubras maneras de superar la depresión que tengan sentido para ti y que hayan demostrado su eficacia.

En este libro te voy a presentar, de un modo breve y fácil de entender, varios enfoques para el tratamiento de la depresión para adultos y adolescentes más mayores. Todos estos métodos han dado pruebas científicas de su eficacia sólidas y seguras. Las ideas se dividen en dos grandes categorías: *tratamiento profesional y enfoques de autoayuda.* Muchas personas que están deprimidas necesitan un tratamiento con un profesional de la salud mental y pueden beneficiarse significativamente el él. Pero hay muchas cosas que puedes hacer por tu cuenta para tener el control de tu depresión, y un enfoque de autoayuda puede proporcionar beneficios adicionales:

- Puedes notar resultados positivos en un tiempo relativamente corto, ya que los enfoques de autoayuda que se describen aquí son muy eficaces; existe una amplia investigación para demostrar que *funcionan.*
- Existe una sensación especial de satisfacción y de poder que puedes experimentar cuando eres capaz de hacer ciertas cosas, cuando te das cuenta de que la situación cambia y sabes que tienes el control y la capacidad para combatir sentimientos de depresión. La restauración de una sensación de poder personal y una mayor autoestima o confianza en ti mismo es una parte importante de la superación de la depresión.
- Estos enfoques de autoayuda también pueden ser muy útiles para las personas que están involucradas en un tratamiento profesional.
- Como beneficio adicional, una vez que hayas adquirido habilidades específicas para reducir tu depresión, habrás ganado herramientas que te permitirán protegerte de la recurrencia de la depresión.
- La autoayuda *no es un sustituto* del el tratamiento profesional, por supuesto. Aplica los conocimientos e ideas que obtengas de este libro, pero asegúrate de recibir ayuda profesional si la necesitas. Los capítulos 4 y 13 te ayudarán a decidir.

Soy consciente de que para muchas personas que pasan por una depresión, incluso la idea de leer un libro puede parecer una tarea difícil. Quiero hacer este proceso más fácil y he intentado escribir un libro breve y fácil de entender. El primer capítulo plantea la pregunta «¿Qué es la depresión?». Los siguientes capítulos se centrarán en cómo hacerle frente y cuándo buscar tratamiento profesional.

Espero sinceramente que este libro marque una diferencia para ti, o para alguien en tu vida…

Primera parte

Entender la depresión

1

¿Qué es la depresión?

Si estás deprimido, es probable que hayas intentado muchas cosas para sentirte mejor. Es difícil superar una depresión. Cuántas veces las personas tratan de protegerse de sentimientos desagradables, del cansancio, la apatía y la desesperanza, sólo para sentirse frustradas e impotentes.

En el departamento de psiquiatría de un gran centro médico de la Costa Oeste, desarrollé una clínica de gestión de la depresión en la que se enseñaba a las personas qué es la depresión, qué la causa, cómo lidiar con ella y cómo puede ayudar un tratamiento profesional. Aproximadamente dos mil quinientas personas asistieron a las clases de gestión de la depresión en los primeros tres años. Hablé con muchas de estas personas después de asistir a las clases y llevé a cabo extensas entrevistas de seguimiento. Descubrimos que las clases ofrecen una ayuda y esperanza considerables para las personas con depresión.

Éstos son algunos de los comentarios más comunes de los pacientes después de asistir a la clase:

«Ahora entiendo lo que me ha estado pasando. Pensé que me estaba volviendo loco. Ojalá alguien me hubiera explicado antes de qué va la depresión».

«Por primera vez en mucho tiempo tengo una sensación de esperanza... Siento que ahora tengo algo específico que puedo hacer para reducir mi depresión».

«Las técnicas de autoayuda tienen sentido para mí».

Una señora que asistió a la clase dos veces comentó:

«Creía que nada me podía ayudar. Era escéptica y estaba desesperada. Pero después de la última clase a la que asistí, probé los enfoques de autoayuda y funcionan. Estoy aquí de nuevo para obtener una vacuna de refuerzo para poder evitar deprimirme otra vez».

Durante la preparación de la clase y al escribir este libro, me he dado cuenta de que la gente que está deprimida necesita sugerencias y técnicas muy específicas (enfoques que tengan sentido, fáciles de aprender y eficaces). Por recomendación de una serie de pacientes, he escrito este libro para compartir las ideas de la clase contigo. Creo que encontrarás que el libro ofrece soluciones prácticas y eficaces para ayudar a lidiar con la depresión. Un buen modo de comenzar es echando un vistazo a lo que la «depresión» es en realidad.

Es cierto que todos los seres humanos, en algunos momentos de su vida, experimentarán sentimientos significativos de tristeza, dolor, decepción y desesperación. Las personas se preocupan por las cosas; nos preocupamos por nuestras familias, nuestros amigos, nuestros trabajos, nuestras mascotas. Cuando perdemos a un ser querido, cuando los matrimonios se desmoronan o cuando perdemos nuestros puestos de trabajo, es normal sentirnos tristes y disgustados. Decepciones o tragedias golpearán nuestros corazones en algún momento u otro. Es igual de humano experimentar dolor cuando sufrimos una pérdida que sangrar cuando nos cortamos. A menudo, cuando las personas se enfrentan a acontecimientos de la vida dolorosos, dirán que se sienten «deprimidas». Pero es importante tener en cuenta que sentirse «triste» o «afligido» no significa necesariamente que estés *deprimido*.

La depresión clínica se diferencia de la tristeza normal en cinco formas básicas:

- La depresión es sumamente dolorosa.
- La depresión dura más tiempo.
- La depresión interfiere con el funcionamiento normal del día a día.
- La depresión es una emoción destructiva (a diferencia de la pena, que es dolorosa, pero es una experiencia emocional que conduce a la curación).
- La depresión generalmente es más que un sentimiento emocional doloroso. La depresión representa un síndrome (un conjunto de síntomas) que a menudo conlleva problemas en la interacción social, el comportamiento, el pensamiento y el funcionamiento biológico.

Las auténticas depresiones clínicas no son raras. Una de cada cinco personas sufrirá una depresión clínica grave en algún momento de su vida. En una de cada quince, la depresión será tan grave como para justificar una hospitalización. La tasa de suicidio para las personas que experimentan *repetidas depresiones clínicas graves* es de un 15 por 100. En algunos tipos de depresión se producen cambios hormonales que pueden interferir en profundidad en el funcionamiento del sistema inmune. El resultado es que la persona es menos capaz de protegerse de enfermedades y tiene un riesgo mayor de padecer problemas de salud.

Si bien estas estadísticas pueden parecer sombrías, hay dos puntos de esperanza que quiero destacar. En primer lugar, es que *si estás deprimido, no estás solo.* Muchas veces la gente se siente completamente sola en su sufrimiento. La depresión es una enfermedad humana tremendamente común. Sin embargo, como muchas preocupaciones y problemas emocionales, muchas personas se sienten inhibidas o les da vergüenza revelar a los demás que están o han estado deprimidas. Muchas veces hay un estigma negativo unido a esta enfermedad. Es sumamente lamentable que éste sea el caso. Baste decir que la depresión es muy común y va a tocar las vidas de casi cada familia.

El segundo punto positivo es que *hay ayuda y esperanza*. La depresión es una de las enfermedades emocionales más tratables. Este libro te ayudará a entender más sobre la depresión, te dará algunas pautas para ayudarte a tomar decisiones sobre el tratamiento, te enseñará algunas técnicas eficaces para combatir la depresión y hablará sobre el tratamiento profesional.

«Me siento deprimido»

Es habitual que las personas sean conscientes de aquel aspecto de una enfermedad física que duele más o que causa más problemas. Ésos son los síntomas sobre los que informan al médico. Lo mismo ocurre con la depresión. Cuando alguien dice «Me siento deprimido», puede significar muchas cosas diferentes. Éstas son algunas maneras comunes en que las personas experimentan la depresión:

- Tristeza, desesperación, sensación de pérdida, vacío, aflicción (el tipo de sentimientos que experimentan la mayoría de personas cuando muere un ser querido);
- Apatía, indiferencia, motivación baja o nula, fatiga;
- Incapacidad para experimentar excitación o placer, pérdida de entusiasmo por la vida;
- Aumento de la sensibilidad hacia la crítica o el rechazo; los sentimientos son fácilmente dañados;
- Baja autoestima, falta de confianza, sensación de ineptitud;
- Irritabilidad, fácil frustración, ira;
- Sentimientos de culpa, autoculpa, odio a uno mismo;
- Sentimientos de desesperanza o impotencia.

Aunque estos problemas describen los aspectos más comunes de la depresión, sólo representan algunos de los muchos síntomas que se producen. La depresión es una enfermedad compleja, y muchas perso-

nas experimentan una combinación de síntomas, no sólo un sentimiento desagradable.

En el siguiente capítulo, vamos a echar un vistazo a los *tipos* comunes de depresión. Diferentes tipos de depresión requieren diferentes
tipos de tratamiento. Mientras lees la siguiente sección, por favor,
piensa en ti mismo y toma nota de cualquier problema en particular o
síntomas que experimentes. Saber esto hará que sea más fácil decidir
qué tipo de tratamiento puede ser útil.

2

No todas las depresiones son iguales

L a depresión afecta a las personas de muchas maneras. Los síntomas suelen ser desconcertantes y preocupantes. Muchas personas deprimidas piensan que se están volviendo locas o que tienen una enfermedad física grave (incluso cuando su médico no encuentra ninguna evidencia de ello). Mediante la comprensión de la naturaleza de tu problema, con toda probabilidad, te sentirás menos asustado y menos confuso y estarás en condiciones de tomar decisiones mejor fundamentadas sobre el tratamiento. No todas las depresiones son iguales, y los tratamientos varían.

Es conveniente dividir las depresiones clínicas en tres subtipos: *depresiones psicológicas* (reacciones emocionales ante pérdidas y decepciones), *depresiones biológicas* (depresiones que en muchos aspectos son verdaderas enfermedades médicas) y un *tipo mixto* (una mezcla de reacciones emocionales y físicas).

Depresiones psicológicas. Las depresiones psicológicas pueden definirse de dos maneras. En primer lugar, se desencadenan por acontecimientos psicológicos o emocionales. Por ejemplo, el marido anuncia que va a solicitar el divorcio y en respuesta a ello la mujer se deprime.

25

Ella puede entender sus sentimientos porque tiene sentido sentirse triste en respuesta a la ruptura de su matrimonio. En este ejemplo, existe un acontecimiento específico, doloroso y estresante (el divorcio). Sin embargo, muchos factores desencadenantes situacionales para una depresión pueden ser más oscuros o estar mal definidos. Un ejemplo es el hombre casado que ha experimentado una distancia emocional que se ha desarrollado de modo gradual en su matrimonio. Su esposa es más independiente y menos cariñosa. Éste no es un acontecimiento repentino, pero representa una pérdida de todos modos. Como suele ocurrir en estos casos, puede que sea consciente de que «falta algo» en su relación y esto puede desencadenar una depresión. Por lo tanto, el desencadenante psicológico o emocional puede ser repentino y obvio o gradual e insidioso. Pero hay un cambio en la situación de la vida cotidiana (en las relaciones, el estilo de vida o el trabajo) que actúa como desencadenante.

La segunda característica de una depresión psicológica es que los síntomas son exclusivamente psicológicos o emocionales. En las meras depresiones psicológicas, el funcionamiento biológico se ve relativamente poco afectado.

Figura 2-A

Síntomas psicológicos de la depresión

- Tristeza y desesperación.
- Irritabilidad.
- Baja autoestima.
- Apatía. Falta de motivación.
- Problemas interpersonales.
- Sentimientos de culpa.
- Pensamiento negativo.
- Pensamientos suicidas.

Mike es un buen ejemplo de depresión psicológica. Su mayor ilusión era conseguir un ascenso, después de dos años en el puesto. Había trabajado duro y sentía que lo estaba haciendo bien. El mes pasado hubo una vacante disponible pero le dieron el puesto a otro empleado que llevaba en la empresa sólo seis meses. A Mike le disgustó enormemente que no le hubieran tenido en cuenta para el ascenso. Durante las últimas semanas ha estado absorto en sentimientos de ineptitud y baja autoestima. A menudo piensa para sí mismo: «Nunca voy a conseguir un ascenso. Obviamente, no tengo lo que se necesita». Una parte de su reacción a este acontecimiento ha sido apartarse de forma progresiva de la vida. Ha rechazado ofertas para ir a cenar. Por la noche prefiere irse a casa, tomar una copa y meterse en la cama. La mayoría de las veces se siente triste y «desmotivado». De vez en cuando, contempla fugaces ideas suicidas.

Mike no ha experimentado grandes cambios en el sueño, el apetito o el deseo sexual. Sin embargo, tiene sentimientos de tristeza y baja autoestima progresivamente intensos y se está aislando socialmente. Su reacción emocional es la respuesta a un evento de la vida y es característica de una depresión psicológica.

Depresiones biológicas. Una segunda gran categoría es la depresión biológica, desencadenada por algún tipo de evento físico (fisiológico) en lugar de ser una respuesta a cambios en la vida o experiencias dolorosas. Por esta razón las depresiones biológicas parecen «salir de la nada» y a menudo dejan a la persona afectada perpleja: «No entiendo por qué me siento tan mal… Las cosas me han ido bien en la vida… No tiene sentido». Además de síntomas psicológicos o emocionales, suelen darse una serie de síntomas físicos causados por disfunciones químicas en el sistema nervioso y hormonal (hablaremos más sobre esto en los capítulos 7 y 15).

Joel es un técnico de laboratorio de cincuenta y dos años de edad, casado y con dos hijos adultos. Es considerado como un hombre muy trabajador y le aprecian mucho. El mes pasado, sin razón aparente, Joel comenzó a experimentar algunos cambios graduales. Aunque normalmente es bastante sociable, comenzó a sentirse incómodo estando con más gente. Le dijo a su esposa que no sabía por qué, pero prefería cancelar sus compromisos sociales. («¡No sé por qué, simplemente no me siento con ánimo!»). En el trabajo parecía aislarse y estaba especialmente callado. Varias personas le preguntaron si se encontraba mal. Él contestaba: «Sí, un poco».

Figura 2-B
Síntomas físicos de la depresión

- Trastornos del sueño.
- Trastornos del apetito.
- Pérdida del deseo sexual.
- Fatiga y disminución de la energía.
- Incapacidad para experimentar placer (anhedonia).
- Antecedentes familiares de depresión, suicidio, trastornos alimenticios o alcoholismo.

Al mismo tiempo, hubo algunos cambios en su funcionamiento fisiológico. Empezó a notar que la comida no sabía bien y su apetito disminuyó. En las últimas tres semanas, ha perdido dos kilos. Además, ha comenzado a despertarse a las cuatro de la mañana y no puede volver a dormir. Este patrón de sueño es bastante inusual para Joel.

Finalmente, consultó con su médico de cabecera. Le dijo: «No me siento yo mismo…, me siento un poco triste, pero no sé por qué. No hay nada que vaya mal en mi vida…, todo está bien. Excepto yo. Simplemente me siento cansado todo el tiempo y no quiero estar con nadie».

Este cuadro sugiere una depresión biológica pura. Surgió «de la nada». No hubo eventos estresantes identificables o cambios de vida. También una parte del cuadro está desarrollando gradualmente síntomas biológicos.

El *trastorno bipolar* es una enfermedad psiquiátrica relativamente común que causa depresión severa. Esta condición biológica, a menudo también conocida como enfermedad maníaco-depresiva, afecta a entre el 3,5 y el 5 por 100 de la población. Los síntomas incluyen depresiones severas que alternan con episodios de manía (por ejemplo inquietud, agitación, aumento de la energía, menor necesidad de sueño, impulsividad y pensamientos inconexos). Existen pruebas sustanciales de investigaciones para indicar que el trastorno bipolar es una enfermedad de base biológica transmitida genéticamente. Trataremos el trastorno bipolar con mayor detalle en el capítulo 17.

Depresiones psicológicas con síntomas biológicos (tipo mixto). Este grupo representa a un número muy grande de personas que sufren depresión clínica. La depresión de tipo mixta tiene un desencadenante psicológico, pero en estos casos la persona experimenta tanto síntomas emocionales *como* físicos.

Figura 2-C

Otros síntomas que pueden ser observados tanto en depresiones psicológicas como biológicas

- Falta de concentración y mala memoria reciente.
- Hipocondría: preocupación excesiva por la salud.
- Abuso de drogas/alcohol.
- Sensibilidad emocional excesiva (incluso ira e irritabilidad).
- Cambios de humor pronunciados.
- Ansiedad.

Eve es una mujer casada de treinta y dos años que recientemente se enteró de que su marido de treinta y cuatro años tiene cáncer. Desde que recibió esta noticia hace dos semanas, ha sufrido períodos de intensa tristeza y ataques de llanto, pensamientos frecuentes sobre la enfermedad de su marido y temores acerca de quedarse sola si él muriera. También le atormentan sentimientos de culpa y autoculpa. Se siente culpable por no haberle valorado durante los últimos años. Además de estos síntomas emocionales, también ha sufrido una notable pérdida del deseo sexual y tiene lo que ella describe como «horas de sueño terrible», despertando una docena de veces cada noche. Las reacciones depresivas de Eve son claramente de tipo mixto. Ella está respondiendo a un evento significativo doloroso y parte de la reacción implica síntomas biológicos.

La importancia de hacer distinciones entre los tres tipos de depresión tiene que ver con el tratamiento. Existen pruebas convincentes de que las personas que sufren de depresiones de tipo biológico y mixto tienden a responder bien al tratamiento con medicamentos antidepresivos (aproximadamente entre el 70 y el 80 por 100 de los pacientes con depresiones biológicas y mixtas *adecuadamente diagnosticadas* tratados con medicamentos antidepresivos pueden mostrar una buena respuesta clínica).

Si tienes una depresión biológica pura puede que sólo necesites tratamiento con medicamentos y apoyo. Sin embargo, si tienes una depresión de tipo mixto, puedes beneficiarte o necesitar tanto el tratamiento con medicamentos como otros tipos de tratamiento, tales como el asesoramiento individual, o psicoterapia o las estrategias de autoayuda que se describen en este libro. Por último, si encajas en la descripción de una depresión psicológica pura, los tratamientos con medicamentos antidepresivos en general no están indicados (aunque hay algunas excepciones). Las personas con depresiones psicológicas pueden beneficiarse enormemente de ciertos tipos de psicoterapia y de las estrategias de autoayuda que se describen en este libro.

Episodios individuales frente a la depresión recurrente y las recaídas

Algunas personas experimentan sólo un episodio de depresión, se recuperan, y nunca más vuelven a sufrir un período de síntomas graves. Por desgracia, ese patrón es la excepción y no la regla. Es probable que se repitan aproximadamente dos tercios de las grandes depresiones. Mientras que algunas personas funcionan normalmente entre los episodios, muchas continúan experimentando síntomas depresivos persistentes de poca intensidad.

Mientras comenzamos a explorar el diagnóstico y el tratamiento de tu depresión, hay dos objetivos principales a tener en cuenta: (1) *Haz todo lo posible para resolver la actual depresión*; y (2) *Toma medidas para evitar una recaída*.

Las estrategias descritas en capítulos posteriores tienen una eficacia demostrada y pueden ayudarte a alcanzar ambos objetivos. Los enfoques de autoayuda se discuten en los capítulos 11, 12 y 13; la psicoterapia profesional en el capítulo 14 y la medicación en los capítulos 15 y 17.

Mientras que algunos individuos con antecedentes de episodios depresivos frecuentes pueden tomar antidepresivos con regularidad para evitar la recaída, la estrategia más común es la de resolver la depresión actual en primer lugar y, a continuación, permanecer alerta ante cualquier señal temprana de recaída. En caso de que los síntomas comiencen a aparecer, un reinicio oportuno de la medicación a menudo puede «cortarlos de raíz».

Pero, ¿cómo saber si realmente tienes «depresión»? Y, si es así, ¿de qué tipo? Lo más importante, ¿qué puedes *hacer* al respecto? Sigue leyendo...

3

Entender los síntomas de la depresión

En el capítulo anterior presenté un panorama general de los síntomas de las depresiones de tipo psicológico, biológico y mixto. Ahora vamos a echar un vistazo más detallado a esos síntomas. Este capítulo te ayudará a entenderte mejor a ti mismo y cualquiera de estos síntomas que puedes estar experimentando. Mediante la comprensión de la naturaleza de tus problemas, estarás en mejores condiciones para tomar buenas decisiones acerca de un posible tratamiento.

Síntomas psicológicos de la depresión

* *Tristeza y desesperación.* A menudo éstos son los síntomas de la depresión más perjudiciales y más perceptibles. Otros sentimientos relacionados pueden incluir sentimientos de vacío, decepción, tristeza, sentirse «de bajón» o afligido. Pesadez (especialmente en la boca del estómago) y «dolor de corazón» literal son aspectos físicos de este síntoma. Alrededor del 40 por 100 de las personas que sufren depresión severa no se sienten tristes. Más bien, el principal cambio en el estado de ánimo es comenzar a sentirse muy irritable y fácilmente frustrado. En tales casos, incluso los pequeños proble-

mas o frustraciones pueden resultar abrumadores y pueden dar lugar a arrebatos de mal genio e irritabilidad. Muchas personas que sufren de depresión no se sienten especialmente tristes o deprimidas, pero cuando se les pregunta: «¿Eres feliz?», la respuesta es claramente «no».

- La ***baja autoestima*** incluye sentimientos de inutilidad, incapacidad, falta de autoconfianza y autoodio. «No puedo hacerlo», «No soy bueno» y «Nunca hago nada bien» son ejemplos del diálogo interno común entre las personas con baja autoestima. Estas personas a menudo han crecido incapaces de agradarse a sí mismos, a sus padres o a sus maestros. Suelen haber experimentado fracasos en la escuela, en las relaciones, en el deporte y en el trabajo.

   Por lo general valoran a otras personas más que a sí mismos y difieren de las opiniones y la orientación de los demás. A veces los sentimientos son temporales (tal vez con respecto a la pérdida de un trabajo o una relación), pero a menudo son una carga para toda la vida.

- La ***apatía*** es la falta de motivación para hacer cosas, aislamiento social, disminución del nivel de actividad o restricción de actividades de la vida cotidiana. Este síntoma puede en sí mismo conducir a problemas más serios en una especie de círculo vicioso depresivo. Por ejemplo, sentirse apático podría llevar a concluir: «¿Para qué voy a salir si no me apetece y simplemente no tengo ganas de estar con los demás?». Sin embargo, la falta de participación en actividades sociales o recreativas finalmente lleva a una vida cada vez más vacía de actividades significativas y agradables. Algunos investigadores sienten que una vida relativamente vacía de placer es una de las principales causas de la depresión (véase Lewinsohn y Graf, 1973, que figuran en la sección de referencias al final de este libro). La disminución de la actividad en sí también conduce a cambios físicos, como la fatiga y el estreñimiento, que causan molestias adicionales.

- ***Problemas interpersonales.*** Cuando las personas están deprimidas, a menudo se vuelven especialmente sensibles a la crítica o al rechazo. Pueden sentirse incómodas o incompetentes alrededor de otras personas, o experimentar un fuerte sentimiento de soledad. Las personas deprimidas pueden no sentirse «bien» siendo asertivas (es decir, puede ser difícil defenderse, expresar sus opiniones, sentimientos o creencias, pedir ayuda o apoyo a otras personas o decir «no»). Muchas personas tienen estos problemas cuando no están deprimidas, pero tales preocupaciones se vuelven más intensas durante la depresión. Además, algunas personas se sienten relativamente a gusto con los demás la mayoría de las veces y perciben estos problemas sólo cuando están deprimidas. Un hombre deprimido me dijo: «Normalmente me siento bien cuando hablo con los demás, pero últimamente he perdido la confianza en mí mismo. Me preocupa lo que transmito, me siento inhibido para decir lo que realmente pienso o siento. Me siento como si me pasara algo malo».

- *Sentimientos de culpa.* Es normal y adecuado experimentar sentimientos de arrepentimiento o remordimiento cuando se comete un error o sin querer dañamos a alguien. Sin embargo, como el doctor David Burns ha señalado, la culpa es un sentimiento que no sólo contiene arrepentimiento o remordimiento, sino también la creencia de que «soy una mala persona» (Burns, 1980, pp. 178-204). Es esta creencia en la «maldad de uno mismo» la que hace de la culpa una emoción dolorosa y destructiva.

- *Pensamiento negativo.* El término «distorsiones cognitivas» es utilizado por los psicólogos para referirse a una tendencia a pensar de forma negativa y pesimista (las cogniciones son pensamientos y percepciones). Las distorsiones o errores en el pensamiento y la percepción se observan en casi todos los tipos de depresión. A medida que una persona comienza a sentirse deprimida, sus pensamientos y percepciones se vuelven extremadamente negativas y pesimistas. Tales distorsiones no sólo son un síntoma de depresión, sino también una causa importante de ésta, y de hecho son probablemente los factores más potentes que prolongan e intensifican la depresión. Hablaré mucho más sobre el pensamiento negativo en los capítulos 11 y 12.

- **Pensamientos suicidas.** Los pensamientos sobre el suicidio son muy comunes en la depresión. Aunque la mayoría de las personas que piensan en el suicidio no lo hacen, las ideas suicidas reflejan sin embargo una visión de un futuro coloreado por el pesimismo excesivo y una sensación de desesperanza.

Síntomas biológicos de la depresión

Los siguientes síntomas se producen a importantes cambios bioquímicos que tienen lugar en los sistemas nervioso y hormonal *(véanse* los capítulos 17 y 15 para más detalles). La presencia de uno o más de estos síntomas debería interpretarse como una señal de que hay un mal funcionamiento biológico que justifica al menos parte de tus síntomas.

- **Trastornos del sueño.** Pueden darse una serie de cambios en el ciclo natural del sueño. La *dificultad para conciliar el sueño* (insomnio inicial) es un síntoma común de estrés en general. Incluso el estrés de poca gravedad puede provocar problemas a la mayoría de los individuos para conciliar el sueño. Se ha estimado que, en un momento dado, el 35 por 100 de las personas experimentan alguna dificultad para conciliar el sueño. Sin embargo, varios problemas de sueño son bastante exclusivos de la depresión y reflejan un mal funcionamiento en la parte del cerebro que regula los ciclos del sueño. Entre los trastornos del sueño relacionados con la depresión se incluyen: *Despertar precoz:* despertar dos o más horas antes de lo habitual y no poder volver a dormir. *Insomnio medio:* Despertarse con frecuencia durante la noche, pero generalmente poder volver a dormir. La consecuencia suele ser que puedes haber dormido, pero te sientes como si no lo hubieras hecho. Al día siguiente te sientes agotado. *Hipersomnia:* Dormir en exceso. *Mala calidad del sueño:* A veces puedes dormir ocho horas o más, pero durante el día te sientes fatigado y exhausto. Uno de los efectos que puede causar la depresión es el de reducir la cantidad de tiempo de sueño profundo que generalmente restablece a una persona tanto física como emocionalmente.

Se ha averiguado que los problemas de sueño graves que se observan en la depresión son probablemente debidos a los efectos directos del aumento de hormonas del estrés que la acompañan.

- *Trastornos del apetito.* Aumento excesivo o pérdida de apetito con un aumento o pérdida de peso correspondiente. Generalmente la pérdida de apetito se considera más indicativa de la depresión biológica. El aumento de apetito puede ser una respuesta psicológica porque comer es a menudo una forma de calmarse a uno mismo y puede reducir temporalmente una sensación interna de vacío. Algunos tipos de depresión biológica pueden, sin embargo, estar presentes con el aumento del apetito.

- *La pérdida del deseo sexual* representa una reducción de base biológica en el deseo o interés sexual. Es cierto que hay muchas causas psicológicas para los problemas sexuales. Si existen serios problemas maritales, el compañero sentimental puede llegar a desinteresarse por la falta de amor o confianza. La disminución del apetito sexual que se ve en la depresión biológica se produce sobre una base puramente física y se puede dar en personas que tienen relaciones amorosas felices. Una mujer deprimida dijo: «Amo a mi marido, de veras. Deseo tanto sentirme sexualmente atraída por él, pero simplemente no sucede y me preocupa que piense que no me importa». Esta disminución en el interés sexual suele ser mal interpretada por el cónyuge y se convierte en una fuente de conflicto.

- *Fatiga y disminución de la energía.* Muchas personas deprimidas relatan: «Me siento totalmente agotado…, es como si tuviera que arrastrarme a lo largo del día y dormir no me ayuda. Si tomo una siesta normalmente me siento aún más cansado cuando me despierto…». Éste puede ser un síntoma primario o secundario a una alteración del sueño.

- *Incapacidad para experimentar placer.* Los psicólogos llaman a esto «anhedonia» y a menudo se experimenta como una pérdida de entusiasmo por la vida. Se puede dar un grado leve de anhedonia en depresiones psicológicas, pero si es pronunciada, es probable que refleje un mal funcionamiento químico en ciertas partes del sistema nervioso que operan como centros del placer.

- *Cambios hormonales.* Las depresiones graves suelen ocasionar marcados cambios en las hormonas. Los más notables son la disminución en la *hormona del crecimiento,* que puede contribuir a la osteoporosis, y el aumento de *cortisol,* que puede ser un factor en el aumento de riesgo de enfermedades del corazón en personas con depresión crónica.

- *Antecedentes familiares de depresión, suicidio, alcoholismo o trastornos de la alimentación.* Aunque no es un «síntoma» de depresión, el historial familiar sigue siendo un indicador muy importante para la depresión biológica y una cuestión importante que los profesionales de la salud mental consideran al evaluar a sus pacientes para administrarles medicación u otro tratamiento. La depresión biológica tiende a darse en familias. El alcoholismo, el suicidio y los trastornos de la alimentación, como la anorexia nerviosa o la bulimia, pueden compartir una base biológica subyacente similar. Por lo tanto, si tus padres o varios parientes consanguíneos experimentaron estos problemas, existe un mayor riesgo de que puedas tener cierta vulnerabilidad genética. Esto no quiere decir en absoluto que el hijo de un padre deprimido vaya a deprimirse, pero existe un mayor riesgo.

Otros síntomas de depresiones psicológica, biológica y de tipo mixto

- *Falta de concentración y mala memoria reciente (falta de memoria).* Muchas personas vistas en clínicas de salud mental tienen miedo de tener tumores cerebrales o la enfermedad de Alzheimer. A menudo experimentan falta de memoria y de concentración debido a la depresión. La depresión y el estrés son las causas más comunes de una memoria pobre y la dificultad para la concentración. Una vez más, ciertas enfermedades también pueden causar estos síntomas. Asegúrate de ser evaluado por un médico si se presentan estos síntomas.

- *Hipocondría.* Una de las causas más comunes de la hipocondría (preocupación excesiva por la salud ante la evidencia de un examen físico de que no existe ninguna enfermedad) es una depresión subyacente y con frecuencia no reconocida.

- *Abuso de drogas/alcohol.* Muchos casos de drogas o alcohol representan intentos de calmar el dolor de la depresión. El abuso de alcohol en sí también puede causar depresiones severas.

- *Sensibilidad emocional excesiva.* Una intensa y abrumadora oleada de sentimientos (por ejemplo, llanto, irritabilidad, etcétera) en respuesta a pequeñas frustraciones.

- *Cambios de humor pronunciados.* De vez en cuando las personas experimentan cambios de humor severos, que vacilan de la depresión a la euforia inapropiada (a menudo denominados como manía o hipomanía). Tales cambios de humor pueden estar asociados con un tipo de depresión biológica llamada «enfermedad bipolar», una enfermedad anteriormente conocida como «enfermedad maníaco-depresiva» *(véase* el capítulo 17).

- *Ansiedad.* Cerca del 70 por 100 de las personas deprimidas también sufren de ansiedad considerable (tensión, nerviosismo, preocupación, agitación o inquietud). La ansiedad puede ser casi continua o puede venir en forma de brotes repentinos, denominados «ataques de pánico».

- *Ataques de pánico.* Son episodios muy repentinos e intensos de grave sufrimiento físico y emocional que se caracterizan por todos o algunos de los siguientes signos y síntomas: taquicardia, dificultad para respirar, desmayos, mareos, hormigueo en los dedos de manos y pies, a veces dolores en el pecho, una sensación de peligro o de muerte inminente (aunque sin saber a menudo lo que uno teme), sentimientos de pánico y un miedo intenso de volverse loco o perder el control. Los episodios sólo duran generalmente de cinco a diez minutos. Tal ataque muchas veces no se desencadena por un evento estresante específico, sino que más bien «viene de la nada». Los ataques de pánico pueden ocurrir en personas que no están deprimidas, pero aproximadamente el 50 por 100 de las personas con trastorno de pánico también sufren depresión. Cabe señalar que algunas afecciones médicas pueden causar síntomas similares, y cualquier persona con síntomas de pánico debe ser examinada primero por un médico para descartar otras enfermedades.

La depresión a lo largo de la vida

La depresión sin duda puede ocurrir en niños y adolescentes (la tasa de prevalencia anual para la depresión grave en niños pequeños es del 3 por 100 y el 10 por 100 en adolescentes). Estas depresiones suelen ser más difíciles de detectar, ¡porque la mayoría de los niños con depresión no están tristes! Los síntomas más típicos de la depresión en niños y adolescentes son anhedonia e irritabilidad. La anhedonia (incapacidad para experimentar placer) puede llegar a ser total, y los niños más deprimidos muestran un marcado retraimiento. Se alejan de los amigos, se quedan solos en sus habitaciones y en general parecen estar desvitalizados, aburridos, cansados y no se involucran. También pueden sufrir muchos de los otros síntomas de la depresión *(véase* la figura 3-A). ¡Los suicidios entre los adolescentes han aumentado un 600 por 100 desde 1950 hasta el año 2000! La depresión en los jóvenes debe ser tratada.

Las personas mayores también se deprimen (aunque es importante destacar que la depresión severa no es una parte normal del envejecimiento). Uno de los síntomas depresivos en particular que puede llegar a ser especialmente pronunciado en las personas mayores es el deterioro de la memoria. Esto a veces puede ser mal diagnosticado como un signo de demencia (por ejemplo, enfermedad de Alzheimer). Si la depresión es la causa, sin duda se puede tratar con éxito.

Figura 3-A

Síntomas de depresión en niños y adolescentes

- Pérdida de interés en actividades cotidianas (anhedonia).
- Irritabilidad.
- Aislamiento social.
- Problemas de sueño.
- Problemas académicos.
- Quejas físicas leves (por ejemplo, dolores de cabeza o dolores de estómago).

Es importante determinar el tipo de depresión que estás experimentando para que puedas tomar decisiones acertadas con respecto al tratamiento. Un gran número de personas están seriamente deprimidas y no reciben tratamiento. Por otro lado, un gran número de personas son tratadas, pero de forma inadecuada *(véase* el capítulo 14). Creo que es importante que entiendas todo lo que puedas acerca de la depresión y de los problemas que te estás encontrando, y que busques el tratamiento adecuado e insistas en recibirlo. Es tu derecho.

4

Diagnosticarte a ti mismo y monitorizar tu recuperación

Ahora que estás familiarizado con los principales signos y síntomas de la depresión, será de ayuda completar la lista de control de autodiagnóstico en las páginas 44-47.

La lista de control se puede utilizar para tres propósitos: 1) para ayudar a determinar cuán deprimido estás en realidad; 2) para auto-diagnosticar tu posible necesidad de un tratamiento médico; y lo más importante, 3) como una manera de monitorizar los cambios a lo largo del tiempo. En la mayoría de los casos, a medida que una persona comienza a recuperarse de la depresión hay cambios positivos en los síntomas, y sin embargo, estos signos importantes de mejora pueden pasar inadvertidos para la persona deprimida. Los amigos, familiares y terapeutas a menudo ven signos de recuperación mucho antes de que la persona deprimida tenga conocimiento de dichos cambios. Esto es probablemente debido a que en las primeras etapas de la recuperación todavía existe una tendencia a verse a uno mismo y el mundo de una manera muy negativa. El uso de esta lista de control puede ayudar.

Susan había estado bastante deprimida y en tratamiento durante cuatro semanas. Había rellenado esta lista de control durante su primera visita. Cuando la vi por cuarta vez, dijo: «Todavía me siento deprimida..., las cosas no mejoran». Sin embargo, desde mi punto de vista «parecía» mucho menos deprimida, más viva y espontánea, con más energía. Todavía estaba bastante triste, pero había cambios que se veían desde el exterior. Le pedí que completara la lista de control de nuevo y, cuando terminó, la comparamos con la que había hecho durante la primera visita. Había cambios positivos en las áreas del sueño, el nivel de energía y el control emocional. Cuando ella revisó ambas listas de control, dijo: «Bueno, ahora que lo pienso, las cosas van mejor. De algún modo todavía me siento fatal, pero ha habido cambios».

Este tipo de respuesta se produce con frecuencia. Te resultará de gran ayuda utilizar esta lista de control como criterio para medir tu mejora. Para Susan, este ejercicio le ayudó a ver que estaba haciendo algunos avances importantes, lo que aumentó su sensación de esperanza. La restauración de una sensación de esperanza realista es, en sí misma, un poderoso antídoto contra los sentimientos pesimistas y depresivos.

Te insto a que completes la lista de control ahora y a que monitorices tus cambios al final de cada semana durante las etapas iniciales de tu recuperación de la depresión.

LISTA DE CONTROL DE LA DEPRESIÓN

I. *Funcionamiento biológico*	*Puntuación*
A. Problemas de sueño	
1. No tengo problemas de sueño.	0
2. Problemas ocasionales para dormir.	1
3. Despertares frecuentes durante la noche o despertar precoz por la mañana.	
a. 1-3 veces durante la semana pasada.	2
b. 4 o más veces durante la semana pasada.	3
B. Problemas de apetito	
1. No hay cambios en el apetito.	0

2. Algunos cambios en el apetito (mayor o menor), pero sin aumento o pérdida de peso. 1
3. Cambio de apetito significativo (mayor o menor) con aumento o pérdida de peso (un kilo más o menos durante el último mes). 3

C. Fatiga
1. Poca o ninguna fatiga diurna notable. 0
2. Cansado o agotado durante el día.
   a. de vez en cuando. 1
   b. 1-3 días durante la semana pasada. 2
   c. 4 o más días durante la semana pasada. 3

D. Deseo sexual
1. Sin cambios en el deseo sexual. 0
2. Disminución en el deseo sexual.
   a. leve. 1
   b. moderada. 2
   c. ausencia de deseo sexual. 3

E. Anhedonia
1. A pesar de los momentos de tristeza, soy capaz de tener momentos de goce o placer. 0
2. Disminución de la capacidad de disfrutar de la vida.
   a. leve. 1
   b. moderada. 2
   c. ausencia total de alegría o sensación de vitalidad. 3

PUNTUACIÓN TOTAL: FUNCIONAMIENTO BIOLÓGICO [ ]

II. Síntomas emocionales/psicológicos
A. Tristeza y desesperación
1. Sin tristeza pronunciada. 0

2. Tristeza ocasional.   1

3. Momentos de intensa tristeza.   2

4. Tristeza intensa casi todos los días.   3

B. Autoestima

1. Me siento confiado y bien conmigo mismo.   0

2. A veces dudo de mí mismo.   1

3. A menudo me siento incompetente, inferior o falto
   de confianza en mí mismo.   2

4. Me siento completamente inútil la mayor
   parte del tiempo.   3

C. Apatía y motivación

1. Es fácil sentirme motivado y entusiasta acerca
   de las cosas.   0

2. De vez en cuando me resulta difícil «arrancar»   1
   con proyectos, trabajo, etcétera.

3. A menudo me siento desmotivado o apático.   2

4. Es casi imposible «arrancar» con proyectos, trabajo,
   etcétera.   3

D. Pensamientos negativos/pesimismo

1. Pienso de una manera relativamente positiva sobre
   mi vida y mi futuro.   0

2. De vez en cuando me siento pesimista.   1

3. A menudo me siento pesimista.   2

4. El mundo me parece muy negativo; el futuro parece
   desesperanzador.   3

E. Control emocional

1. Cuando tengo sentimientos desagradables,
   tales emociones pueden lastimar, pero no me siento
   totalmente abrumado.   1

2. De vez en cuando me siento abrumado por
   emociones internas.   2

3. A menudo me siento muy abrumado por sentimientos
   internos *o* no tengo sentimientos internos
   en absoluto.   3

F. Irritabilidad y frustración
1. No experimento irritabilidad excesiva ni frustración.   0
2. De vez en cuando me siento muy irritable y frustrado.   1
3. A menudo me siento bastante irritable y me frustro
   fácilmente.
   a. 1-3 días durante la última semana.   2
   b. 4 días o más durante la última semana.   3

PUNTUACIÓN TOTAL: SÍNTOMAS EMOCIONALES/PSICOLÓGICOS   [ ]

Calcular tu calificación e interpretación de los resultados

Echemos un vistazo a los resultados. Se puede calcular una puntuación total para las secciones «Funcionamiento biológico» y «Síntomas emocionales/psicológicos» de la lista de control. Para calcular tu puntuación, suma tu respuesta a cada síntoma y anota la puntuación total en la casilla en la parte inferior de cada página.

Funcionamiento biológico. Respuestas de 2 o 3 en *cualquiera* de los puntos A-E pueden sugerir que tu funcionamiento biológico se ha visto afectado por la depresión y que un tratamiento con antidepresivos puede ser lo indicado (en especial si existe alguna calificación de 3). Si éste es el caso, será importante consultar con un psiquiatra, tu médico de familia o un terapeuta de salud mental en relación con el tratamiento médico. Si todos los resultados son 0 o 1, los medicamentos antidepresivos probablemente no sean lo indicado. *Interpretación de la puntuación total:* depresión biológica 0-5 leve, 6-10 moderada, 11-15 severa.

Síntomas emocionales/psicológicos. Respuestas de 2 o 3 en cualquier punto sugieren una depresión psicológica. *Interpretación de la puntuación total:* síntomas psicológicos 0-5 leves, 6-10 moderados, 11-15 severos. Las puntuaciones altas tanto en la sección biológica como en la emocional/psicológica indican un tipo mixto de depresión. Como se mencionó anteriormente, este tipo de reacciones depresivas se pueden aliviar con medicamentos.

Por favor, sigue completando esta breve lista de control al final de cada semana para controlar tu evolución, así como la psicoterapia.

En los próximos capítulos, vamos a echar un vistazo a las causas de la depresión. La segunda parte del libro te ayudará a averiguar lo que *tú* puedes hacer para superar tu depresión y cómo obtener ayuda profesional si la necesitas.

5

¿Qué causa la depresión?
Historia personal

«Debo de estar volviéndome loco. ¿Qué me pasa? Me encuentro fatal. No puedo pensar, no tengo energía ni motivación. ¿Por qué me siento tan mal?».

El dolor de la depresión a menudo se amplifica con una sensación de confusión y perplejidad. A veces puede resultar muy fácil entender por qué te sientes deprimido. Como dijo uno de mis pacientes: «Por supuesto que me siento deprimido. Mi mujer me ha dejado, estoy solo, mi vida entera se ha vuelto del revés. Las personas se deprimen cuando están pasando por un divorcio, ¿no?».

Cierto, pero a menudo las causas están ocultas y son oscuras. Muchas veces las personas sienten que la depresión aparece «de la nada». Una de las razones por las que es importante entender lo que causa la depresión es que la comprensión puede ayudar a tomar mejores decisiones sobre el tratamiento. Así como es cierto que no todos los dolores de garganta responden a los antibióticos, de un modo similar, no todas las depresiones responden al mismo tratamiento. Una vez que sabes con seguridad que tienes faringitis estreptocócica, los antibióticos son el tratamiento elegido. Del mismo modo, es necesario conocer la causa de tu depresión para decidir sobre los tipos más eficaces de tratamiento.

Otra razón para descubrir las causas de tu depresión es que te puede resultar tremendamente útil para encontrar el sentido a lo que de otro modo es una enfermedad desconcertante. La comprensión del «porqué» puede disminuir la sensación de confusión y misterio que rodea a la depresión. Esta comprensión puede mejorar tus posibilidades de recuperación.

En este capítulo, me gustaría discutir brevemente algunas de las principales causas de la depresión. Por favor, ten en cuenta que, por supuesto, suele ser una combinación de factores los que finalmente conducen a la depresión (el énfasis de este capítulo está en sobre cómo el historial de vida contribuye a la depresión. En capítulos posteriores se tratarán los acontecimientos actuales y los factores biológicos).

Experiencias tempranas en la vida

Supongamos por un momento que dos personas van a hacer una carrera en la que deben correr descalzas por un aparcamiento de grava. Supongamos además que uno de los corredores ya tiene ampollas en los pies antes de que comience la carrera. La carrera puede ser dolorosa para ambos, pero la persona con lesiones preexistentes experimentará mucho más dolor. De manera similar, se ha demostrado que una serie de experiencias tempranas en la vida emocionalmente perjudiciales pueden sentar las bases para un gran aumento del riesgo de depresión en la vida adulta. Sin duda, haber experimentado este tipo de eventos dolorosos tempranos no es una garantía de que una persona vaya deprimirse más adelante sin poder evitarlo. Sin embargo, algunas experiencias aumentan en gran medida la vulnerabilidad a la depresión. Circunstancias tempranas como las descritas en las páginas siguientes ayudan a explicar por qué, cuando dos personas están expuestas de igual manera a la misma condición estresante, una puede sentirse mal pero hacerle frente, mientras que la otra se deprime.

- **Abandono temprano.** Estudios recientes han demostrado que un abandono temprano significativo puede dar como resultado el desarrollo anormal del cerebro (en particular un defecto en el hipotálamo que deriva en un exceso crónico de secreción de sustancias químicas del cerebro, el *factor de liberación de corticotropina).* Cuando esto sucede (especialmente durante los primeros meses de vida), el resultado puede ser un cambio permanente en el funcionamiento del cerebro que se mantiene aun cuando las circunstancias de vida posteriores mejoren en gran medida. La consecuencia conductual de esto es un aumento de la vulnerabilidad a la depresión. El conocimiento de este efecto ha llevado a una apreciación cada vez mayor de la importancia de sujetar, tocar y acunar a los bebés y niños pequeños.

- **Pérdidas tempranas.** Los niños pequeños son especialmente sensibles a la pérdida de seres queridos. Es una parte normal del desarrollo establecer vínculos fuertes, sobre todo con los padres. Se puede perder a un progenitor a través de la muerte, un divorcio o separación matrimonial, puestos de trabajo que requieren que los padres se vayan por períodos prolongados de tiempo y enfermedades graves que requieren largos períodos de hospitalización. Muchos padres «perdidos» pueden estar en realidad *presentes,* pero emocionalmente distantes o no involucrados. Un padre muy enfermo postrado en una cama, por ejemplo, puede amar a su hijo y sin embargo no implicarse mucho emocionalmente. Los niños criados por padres deprimidos suelen convertirse en adultos deprimidos. Ese padre puede haber amado mucho a su hijo, pero de una manera poderosa, la depresión le quitó la energía y la capacidad para involucrarse de manera significativa con él.

A veces un niño no es deseado ni querido, o circunstancias familiares muy estresantes dan como resultado la severidad o el rechazo de los padres. Los hijos de alcohólicos suelen experimentar carencias afectivas muy significativas. El abuso prolongado de alcohol suele tener un efecto devastador en los padres y puede interferir en su capacidad básica para formar vínculos íntimos con sus hijos. Muchos hijos adultos de alcohólicos sufren los efectos de esta pérdida temprana de implicación emocional con sus padres.

Por lo tanto, hay muchas maneras de que un niño pueda experimentar una sensación de pérdida profunda en los primeros años de vida. Estas pérdidas suelen dar lugar a tres problemas principales que podrían continuar durante toda la vida adulta:

- *Dificultades con las relaciones íntimas.* Cobrar apego a un progenitor y después perderlo puede hacer que un niño se vuelva extremadamente cauteloso a la hora de implicarse emocionalmente con alguien. Estos niños pueden desear la cercanía interiormente, pero albergan temores profundos de rechazo y pérdida y por lo tanto nunca se permiten volver a sentirse cercanos a alguien. Este sentimiento interior de anhelar el amor y aislarse emocionalmente puede aumentar la probabilidad de padecer depresión.
- *Ansiedad y miedo.* Los niños necesitan tener padres para que éstos les proporcionen una sensación de seguridad básica y de seguridad en el mundo. Las pérdidas suelen hacer que los niños se sientan muy inseguros y asustados.
- *Profunda tristeza y dolor.* Es sorprendente cómo el temor a la intimidad, la inseguridad o la tristeza pueden continuar en el interior de una persona años y años después de que ocurriera el grave acontecimiento. Estos niños tienen un riesgo muy alto de desarrollar fuertes reacciones ante pérdidas futuras. Cuando esto sucede, la pérdida actual toca heridas profundas del pasado sin cicatrizar. Puede ser difícil entender por qué una persona reacciona de un modo tan fuerte ante una pérdida hasta que uno se detiene a considerar tales experiencias de la infancia.

Linda es una mujer soltera de veintisiete años que se sentía muy avergonzada mientras me explicaba que estaba muy deprimida desde que su gato, Callie, había muerto tres semanas antes. «Me siento tan estúpida. La gente se siente triste cuando sus mascotas mueren, pero yo me he venido totalmente abajo desde que Callie murió». Sus amigos no comprendían cómo la muerte de un gato podía provocar unos sentimientos tan fuertes y dolorosos. Al hablar con Linda, el motivo pronto se hizo evidente. Cuando Linda era joven, su madre comenzó a padecer una enfermedad mental; fue hospitalizada en varias ocasiones a lo largo de la infancia de Linda. Al parecer, su padre era incapaz o no quería hacer frente a la educación de Linda y sus dos hermanos, así que los dejaba en un centro de acogida (ella lo llamó orfanato) durante varios meses cada vez que su madre ingresaba en el hospital. «La primera vez que mi padre vino a visitarnos, lloré tanto que se disgustó y dijo que no podía soportar verme llorar. ¡Así que ni siquiera venía a visitarnos!». Linda aprendió a no llorar nunca, aunque estuviera intensamente triste, por temor a molestar a su padre. Ella experimentó una gran tristeza durante aquella época en el «orfanato», pero aprendió a ocultar sus sentimientos internos. Más tarde, cuando ya era una adolescente y una joven adulta, tenía tanto miedo a apegarse a una persona que se mantenía a cierta distancia y rara vez tenía citas. Sin embargo, sus necesidades internas de amor y cercanía no desaparecieron. Se permitió expresar cariño y protección hacia Callie. La muerte de Callie la hizo reaccionar ante la pérdida de su amada mascota *y* recordar sentimientos terriblemente dolorosos enterrados dentro de ella desde la infancia. Para Linda era importante llegar a comprender las razones de su fuerte reacción. Después de unas cuantas sesiones de psicoterapia y muchas discusiones acerca de sus experiencias de la infancia, me comentó: «Mis sentimientos tienen mucho más sentido para mí ahora. Todavía duelen mucho, pero mis sentimientos ya no parecen tan raros o anormales. Entiendo por qué siento tanto dolor».

Afortunadamente, las pérdidas tempranas no garantizan en absoluto que una persona sufra depresión en la edad adulta. Dos factores importantes pueden ayudar a un niño a pasar por pérdidas dolorosas: en primer lugar, la disponibilidad emocional de al menos otro adulto. No es raro que el otro progenitor, o una abuela o una tía marquen una diferencia crucial para un niño que ha perdido a uno de los padres. En segundo lugar, es muy importante ayudar a los niños a llorar. Si el padre de Linda se hubiera implicado, si hubiera mantenido a los niños en casa o si al menos le hubiera permitido llorar, su vida habría sido diferente. Darle al niño el mensaje: «Esto es duro, está bien llorar», y compartir tus propias lágrimas y dolor con él puede ayudar a prevenir heridas emocionales que pueden durar toda la vida.

- *Atmósfera hostil generalizada.* Todos los padres pierden de vez en cuando los estribos; todos los padres son de vez en cuando insensibles; todos los padres cometen errores que perjudican a sus hijos. Pero los errores ocasionales no dejan heridas profundas. De hecho, muchos especialistas en desarrollo infantil creen que sólo es necesario proporcionar una atmósfera «suficientemente buena» para que la mayoría de los niños prosperen y crezcan; «suficientemente buena» significa que la mayoría de las experiencias son positivas o incluso neutras y lo bueno supera a lo malo. ¡Después de todo, nadie es perfecto!

  En contraste con esto, sin embargo, está la atmósfera hostil generalizada presente en demasiados hogares. A veces el abuso físico es una parte de la situación, pero fundamentalmente estoy hablando de la expresión de una actitud predominante hacia el niño: «No vales nada, no te queremos, eres estúpido e incompetente». Hace poco vi como un padre en la tienda local de comestibles zarandeaba a su hijo y le decía: «Eres un pequeño pedazo de mierda». Éste es un mensaje profundamente perjudicial para el muchacho, menospreciante y deshumanizante. Debilita su valor básico como persona. Día tras día, estos mensajes se asumen. El niño llega casi siempre a creer que el mensaje, viniendo de una de las personas más importantes en su vida, es cierto. Estos niños crecen con un sentido de la autoestima dañado. Incluso pequeños fallos o contratiempos como adultos se atañen a la dolorosa creencia interior. Como uno de mis pacientes dijo: «Sí, es como cuando metí la pata en el trabajo y mi jefe me regañó. Estaba pensando: "Tiene razón, soy un inútil, siempre he sido un inútil y siempre lo seré"».

El fracaso, las decepciones y los reveses son aspectos inevitables de la vida adulta. Bajo las mejores circunstancias la vida a menudo es difícil. Crecer en un ambiente emocionalmente hostil aumenta el dolor de las tensiones posteriores y deja una marca duradera en el espíritu del niño.

- *Falta de apoyo para el crecimiento.* Los niños necesitan protección y cuidado, pero también necesitan un estímulo para crecer. Un impulso interno inherente a todo el mundo es la necesidad de crecer, convertirse en uno mismo, tener una opinión, tomar medidas, hacerse valer y dejar su marca en el mundo. A veces, los padres no apoyan el crecimiento. Esto puede ocurrir de varias maneras. En primer lugar, algunos padres quieren aferrarse a sus bebés. Es difícil renunciar a la cercanía y calidez que un bebé puede proporcionar. Cuando los niños pequeños comienzan a alejarse respondiendo a un deseo interno de abrirse camino al mundo por su cuenta, los padres pueden sentirse heridos, disgustados o rechazados. Uno de los modos en que el crecimiento y la autonomía se ven socavados es cuando los padres siguen percibiendo al niño como un ser indefenso y lo hacen todo por él. Puede ser difícil para un padre así ver a su hijo cometer errores. Por ejemplo, cuando el niño empieza a caminar, el padre puede sentir la necesidad de «rescatarlo» cada vez que empieza a caer. Puede parecer que el niño está siendo protegido del daño, pero en un nivel más profundo, el niño recibe el mensaje: «Te veo incapaz. No creo que puedas hacerlo por tu cuenta. No tengo confianza en tu capacidad, así que voy a protegerte o a hacer las cosas por ti». A menudo, los padres subestiman el profundo efecto que esto tiene en un niño. Si este patrón continúa, la consecuencia es que el niño crecerá creyendo: «No puedo hacer cosas. No tengo confianza en mí mismo». Esto puede dejar al niño en un terreno inestable, con miedo de probar cosas nuevas. Estas personas pueden crecer necesitando la ayuda constante de los demás, creyendo: «No puedo hacerlo por mi cuenta». Como adulto, el dolor de perder a un cónyuge o un padre puede llegar a ser muy intenso si por dentro uno cree: «No puedo funcionar sin ellos». Una parte de la reacción, por lo tanto, no es sólo la tristeza y el sentimiento de la pérdida normal, sino también una marcada pérdida de confianza en uno mismo.

Una segunda afrenta para el crecimiento es cuando el niño empieza a hacer cosas de forma independiente y los padres responden a la conducta del niño ridiculizándole o con menosprecio. Uno de mis pacientes me dijo que recordaba haber hecho un avión de juguete con un poco de madera y unos cuantos clavos. Quería hacer artesanía en madera al igual que su padre. Tomó el producto acabado para enseñárselo a su padre y éste se rio de él e incluso levantó el pequeño avión y lo mostró a sus amigos haciendo un comentario sarcástico de menosprecio: «Me sentí tan humillado que nunca intenté volver a hacer algo». Los padres deben apoyar estos primeros impulsos hacia la autonomía y la libre expresión.

En algunas familias, los niños son sometidos a exigencias perfeccionistas. Un niño puede esforzarse todo lo posible, pero «no ser lo suficientemente bueno». Un excelente en las calificaciones recibe el comentario de los padres: «¿Por qué no ha sido un excelente alto?». Una vez más, a medida que el niño va camino de la autoexpresión, el mensaje es: «Tu trabajo no es lo suficientemente bueno». Estos mensajes son asumidos y forman el núcleo de posteriores sentimientos de baja autoestima.

Para los niños que sufren la falta de apoyo para el crecimiento, experiencias posteriores de la vida (especialmente los fracasos) les tocarán la fibra de forma profunda y dolorosa. Los niños que crecen con el apoyo adecuado desarrollan un sentimiento interno básico de «ser buenos». Los fracasos posteriores pueden doler, pero no serán devastadores.

- *Maltrato y abuso sexual infantil.* El trauma emocional del abuso físico y sexual es profundo. Este tipo de trato, especialmente por parte de los padres, perjudica a un niño de varias maneras. Los niños cuentan con los padres para que les proporcionen un sentimiento de estabilidad, confianza y seguridad. Muchos investigadores en el campo del abuso de menores están de acuerdo en que uno de los efectos del maltrato o abuso sexual por parte de los padres causa una erosión radical de los sentimientos básicos de seguridad y protección. También muchas, si no la mayoría, de las víctimas de abusos, especialmente de abuso sexual, sienten que tienen la culpa; en algún nivel llegan a creer: «Fue mi culpa, soy malo, sucio y asqueroso». Una vez más, esta experiencia puede calar en el núcleo del sentido básico de la autoestima de una persona.

Está claro que una serie de experiencias en los primeros años de vida tienen consecuencias muy importantes para el desarrollo y la adaptación posterior. La mayoría de los niños no se limitan a «sobrepasar» estas primeras experiencias dolorosas. Cuando están listos para correr la carrera de la vida adulta, ya existen heridas profundas y dolorosas que superar.

6

¿Qué causa la depresión?
Eventos de la vida actual

Los traumas en la infancia temprana sin duda hacen que sea más probable que una persona vaya a deprimirse. Sin embargo, la depresión puede atacar incluso sin estos factores de riesgo tan predisponentes. Nadie es inmune. La depresión afecta a personas de todos los ámbitos de la vida y tiene poco respeto por la condición social, la inteligencia o el éxito en el mundo. Aunque algunas depresiones biológicas surgen «de la nada», la mayoría de las depresiones representan una reacción a cambios en la vida. No todos los cambios en la vida causan depresión, por supuesto, pero hay una serie de factores estresantes comunes que pueden suscitar su aparición.

Desencadenantes actuales o recientes para la depresión

- *Pérdidas interpersonales.* Probablemente, el principal desencadenante de la depresión, la pérdida de un ser querido, puede ser debido a una serie de acontecimientos en la vida: la muerte, la separación matrimonial y el divorcio, los niños que se van de casa, ser rechazados por un amigo o un amante. Estas pérdidas no son experiencias humanas inusuales. En Estados Unidos cada año se tramitan aproximadamente 1 millón de divorcios, 8 millones de personas pierden a un ser querido y 800.000 se convierten en viudas y viudos (Osterweis, M., *et al.*, 1984). En Estados Unidos hay una media de 11 millones de viudas y 2 millones de viudos. Las personas se alejan con frecuencia de los amigos para adoptar nuevos puestos de trabajo y millones de relaciones con familiares y amigos se destruyen por conflictos.

Las pérdidas suelen dar lugar al dolor, una experiencia dolorosa, pero que a la larga conduce a la recuperación emocional para la mayoría de nosotros.

Sin embargo, hasta el 35 por 100 de las personas que experimentan pérdidas significativas pasarán a estar clínicamente deprimidas.

Uno de los muchos conceptos erróneos acerca del «duelo normal» es la expectativa de que las personas deben «superar» una muerte o un divorcio en unos pocos meses. Los estudios sobre pérdidas emocionales demuestran que el período de duelo normal suele durar mucho más tiempo del que la mayoría de las personas sospechan. Resulta de ayuda pensar en el proceso de duelo en tres fases:

Fase 1: *shock* inicial, que puede implicar aturdimiento, tristeza intensa o una vacilación entre el dolor emocional y el aturdimiento. Fase 2: el período de duelo en sí, durante el cual son frecuentes períodos de intensa tristeza y soledad y la persona puede sentir que «la vida es totalmente diferente». (Este período de duelo normal, contrariamente a la creencia popular, es largo, por lo general dos años tras la muerte de los padres, cuatro años tras una separación matrimonial o divorcio, entre cuatro y seis años tras la muerte del cónyuge y entre ocho y diez años tras la muerte de un hijo. Este período, por supuesto, puede variar enormemente de persona a persona). Fase 3: resolución final. Incluso con la «resolución», sin embargo, la persona que sufre el duelo *no* lo ha «superado». De hecho, la mayoría de las personas van a seguir teniendo momentos de recuerdos dolorosos durante los próximos años. Sin embargo, la resolución se puede asumir cuando las oleadas de tristeza intensamente dolorosa han disminuido o son mucho menos frecuentes y la vida vuelve a parecer «normal».

Cualquiera que haya experimentado una pérdida grave te dirá: «Nunca se supera del todo». Afortunadamente, sin embargo, los corazones pueden sanar; sólo se necesita mucho tiempo. Es importante darse cuenta de que el duelo es un proceso largo y doloroso, pero no es un signo de patología o enfermedad mental. En el capítulo 10, echaremos un vistazo más de cerca a las diferencias entre el dolor y la depresión.

• **Pérdidas existenciales.** Robert acababa de enterarse de que un compañero de trabajo había muerto de un ataque al corazón mientras jugaba al golf. El amigo sólo tenía cuarenta y ocho años. Cuando hablé con Robert, me dijo: «Lo que más me disgusta es que podría haber sido yo. Me ha hecho pensar sobre mi vida. Me ha hecho preguntarme: "¿Soy realmente feliz?", "¿Mi vida tiene sentido?"». A menudo, estas pérdidas nos obligan a enfrentar preguntas muy difíciles sobre el sentido de nuestra vida, nuestra mortalidad o nuestra satisfacción básica con la vida. Puede ser que gran parte de lo que está detrás de la llamada «crisis de la mediana edad» sea una especie de depresión provocada por este tipo de cuestiones existenciales.

Una de las principales preocupaciones existenciales a la que las personas comúnmente se enfrentan es la desilusión o la pérdida de un sueño. La mayoría de nosotros tenemos esperanzas y sueños, algunos conocidos por nosotros y otros en su mayoría inconscientes. Tales sueños son: «Espero tener una familia o un matrimonio que me llene», o «Espero encontrar el éxito y la felicidad en mi trabajo». Muchas veces la realidad de un trabajo o una relación no coincide con lo que uno anhela para sus adentros. No es raro que una persona, en cierto sentido, se despierte un día y le golpee la dolorosa percepción de que no es feliz en una relación o un trabajo.

Las personas suelen hacer todo lo posible para mantener la esperanza incluso ante realidades decepcionantes. Pam, de treinta y ocho años, me explicó: «Ha estado ahí durante once años, todos los días. Mi marido no se preocupa por mí. Me ha tratado como basura, me ha ignorado. A veces es ofensivo. Pero yo seguía esperando que cambiara… Me decía a mí misma que todo lo que teníamos que hacer era intentarlo con más ganas. Ahora me doy cuenta. Él no ha cambiado y no va a cambiar nunca. ¿Cómo he podido ser tan estúpida?». Ella no fue estúpida, tenía esperanza. La esperanza puede ser un puente que ayuda a las personas a superar momentos dolorosos o difíciles. También puede cegar a las personas. Pam fue capaz de protegerse de sentimientos más dolorosos de pérdida manteniendo la esperanza, pero en algún momento la burbuja estalló. Fue la conciencia final de su profunda decepción la que desencadenó una depresión. Su sueño de felicidad en el matrimonio se destruyó. Este tipo de desencadenante de una depresión es tan real y potente como otras pérdidas, pero no se suele apreciar del todo. Los amigos de Pam hacían comentarios como: «No entiendo por qué estás tan disgustada. Hace años que sabes cómo es él». Cuando oyó esto, se sintió mal. Puede que sus amigos tuvieran buenas intenciones, pero estaban siendo críticos. No importa cuánto tiempo llevara viviendo bajo los abusos de su marido. Cuando su «ilusión» de esperanza desapareció, comenzó a deprimirse.

Un segundo tipo importante de pérdida existencial es el reconocimiento de que «no voy a vivir para siempre». Un universitario de veinte años sabe que esta afirmación es cierta, pero probablemente no lo piense mucho. Pero una persona de cuarenta años de edad, puede ver esta verdad de manera muy diferente. La muerte de los padres o de un amigo de su edad, a menudo tiene una poderosa manera de forzar a las personas a enfrentar su propia mortalidad. Y, como dijo el rabino Harold Kushner: «No es tanto el miedo a la muerte, a que nuestra vida termine, el que nos quita el sueño, sino el temor de que nuestras vidas no hayan importado...» (1986, p. 20). Esta conciencia aguda de que «el tiempo se acaba» puede provocar no sólo preocupación por el futuro, sino también dolor por una vida que ha sido vacía, decepcionante o carente de significado.

La sociedad reconoce la muerte y el divorcio como motivos «legítimos» para el dolor y la depresión. Las cuestiones existenciales, sin embargo, a menudo se ven bajo una luz diferente. Una paciente me dijo después de la muerte de su marido: «¡Oh, estas cosas pasan! Es sólo una parte del envejecimiento y tienes que aceptarlo». Ella estaba tratando de convencerme (y de convencerse a ella misma) de que «estas cosas pasan» y que debería ser capaz de soportarlo. La realidad era que ella estaba sufriendo enormemente por la pérdida de su marido y por su propia conciencia de su mortalidad. Sus amigos y familiares eran comprensivos con ella con respecto a la muerte de su marido. Pero francamente no entendían ni apoyaban sus miedos y tristeza mientras se enfrentaba a la dolorosa conciencia de que «su propia» vida tenía un fin. De alguna manera, la muerte de su marido era una pérdida más aceptable; su crisis existencial se reducía al mínimo. Como consecuencia, se sentía aún más sola con su dolor. Las pérdidas existenciales se deben entender como causas muy reales y poderosas del sufrimiento humano.

• *Acontecimientos que bajan la autoestima.* Muchos eventos de la vida pueden dar un golpe a la autoestima de uno. Los fracasos personales (como no recibir un ascenso), los rechazos y críticas personales y cometer errores son sólo algunos de los muchos eventos que pueden conducir a una baja autoestima.

Andy, un contable de cuarenta y tres años, incendió accidentalmente su cocina. Su casa se salvó, pero hubo grandes daños en la cocina. A pesar de que su seguro pagó los costes de la reparación, durante muchos meses sintió una terrible sensación interior de autoodio: «¿Qué me pasó? Fui tan estúpido. No puedo creer que pudiera llegar a ser tan tonto». Él sufrió esta pérdida inicial, pero durante meses fue incapaz de perdonarse a sí mismo por cometer un error.

Carl llevaba trabajando veintitrés años para un taller mecánico. El negocio se vendió y el nuevo propietario no mantuvo a Carl en plantilla a pesar de un excelente historial de trabajo. Durante dos años, fue incapaz de encontrar un trabajo de su oficio habitual. También fue objeto de burlas y bromas crueles de un cuñado que aprovechaba cada oportunidad para sacar a relucir «el desempleo crónico» de Carl. Estas experiencias causaron a Carl un tremendo sufrimiento interior y sentimientos de inutilidad.

Cada ser humano tiene la necesidad de un sentimiento básico de autoestima; eventos tales como los mencionados anteriormente a menudo conducen a la depresión.

- *Enfermedad física y dolor crónico.* Las enfermedades pueden crear una angustia emocional grave. En algunos casos, una enfermedad física resulta en un dolor diario intenso que disminuye la calidad de vida y que dificulta experimentar momentos de alegría.

Algunas enfermedades graves y degenerativas llevan consigo el fantasma del aumento de la discapacidad y una posible muerte. Un estudio evaluó un grupo de pacientes que sufría lesiones en la médula espinal y otro grupo que tenía distrofia muscular. En ambos grupos el grado de discapacidad era similar. Sin embargo, la lesión de la médula espinal es generalmente una enfermedad estática: no empeora. El grado de depresión en el grupo de la distrofia muscular era significativamente mayor que el de los pacientes con lesión de la médula espinal (Duveneck, *et al.*, 1986). Mirar hacia el futuro forma parte de la naturaleza humana y muchas enfermedades, por desgracia, tienen un mal pronóstico.

Algunas enfermedades pueden dar lugar a limitaciones físicas que alteran drásticamente el propio estilo de vida. Sharon es una mujer de treinta y cuatro años, cuya pasión en la vida es la danza moderna. Trabajaba como secretaria, vivía deseando que llegara el final del día para poder salir e ir a sus clases de baile. Hace dos años, desarrolló artritis reumatoide paralizante grave y tuvo que abandonar por completo el baile. «Toda mi vida ha cambiado. Me siento vacía». Las enfermedades físicas no sólo tienen como consecuencia el dolor y en ocasiones el miedo a un futuro incierto, sino que también pueden cambiar la vida de una persona en modos que conducen a la depresión.

El dolor crónico a menudo puede conducir a la depresión a la larga. Esto es debido a la tensión del propio dolor. Además, las personas que sufren de dolor crónico suelen desarrollar alteraciones graves del sueño. Los problemas de sueño a largo plazo suelen causar la depresión o empeorarla.

- ***Nuestro estresante nuevo mundo.*** La tecnología del siglo XXI nos expone a todos a nuevas fuentes de estrés, entre las que se incluyen el temor al terrorismo y la exposición durante todo el día a desastres y sufrimiento humano, mediante la cobertura casi instantánea de los medios de comunicación en todo el mundo. Algunos psicólogos tienen la hipótesis de que una manera en que la gente común se enfrenta a vivir en un mundo lleno de dolor y tragedia es manteniendo un nivel bastante alto de negación y falta de atención. Muchas personas han descubierto que es posible mantenerse al margen de muchos de los horrores de la vida (la guerra, el hambre, el terrorismo, la discriminación racial, etcétera). Sin embargo, en este nuevo mundo de tecnología y de cobertura agresiva de los medios, las personas estamos ahora expuestas a una cantidad creciente de información inquietante casi a diario.

- ***Estrés prolongado.*** El estrés, en general, no causa depresión. De hecho, las personas suelen ser capaces de asumir una serie de tareas estresantes y sentirse «bien». La clave parece ser la forma en que te percibes a ti mismo antes situaciones de estrés. Siempre y cuando pienses: «Esto es duro, pero lo estoy llevando bien. Estoy haciendo algunos progresos», entonces las tensiones se ven como un desafío y probablemente no te deprimirás. Sin embargo, si comienzas a sentirte abrumado o no puedes hacer frente a presiones cada vez mayores, tu autopercepción puede cambiar. Es probable que la creencia de que «No puedo manejar esto. No tengo el control. Estoy totalmente agobiado» sea la que desencadena la depresión. Cuando los intentos de dominar las situaciones estresantes son inadecuados, puedes empezar a sentirte indefenso, impotente o fuera de control. La exposición a numerosos o prolongados factores estresantes «más» una autopercepción de impotencia puede desencadenar una reacción depresiva.

A veces, las razones de la depresión son claras, pero a menudo son oscuras o están ocultas. Está claro que muchas experiencias humanas pueden sentar las bases o iniciar la depresión. No es de extrañar que la depresión sea una enfermedad común. Puedes dar un paso importante en la lucha contra la depresión mediante la obtención del conocimiento de las causas. Una de las maneras más eficaces para llegar a ser más consciente de las causas de tu depresión es hablar de ti mismo, tus sentimientos, tu pasado y los acontecimientos recientes con otra persona. Al explorar tu propia vida y compartirlo con otra persona, puedes estar en mejores condiciones para juntar las piezas, para descubrir y entender por qué estás deprimido. Algunas personas encuentran que esto puede hacerse mejor en psicoterapia; otras son capaces de obtener este conocimiento a través de conversaciones honestas con amigos cercanos, miembros de la familia o el clero. El valor de hablar con otra persona sobre tu vida es doble. En primer lugar, ayuda a desentrañar el misterio y dar sentido a las experiencias de la vida. En segundo lugar, para citar un dicho común: «El dolor compartido es medio dolor».

7

¿Qué causa la depresión?
Factores biológicos

En las profundidades del cerebro humano hay una serie de estructuras importantes que desempeñan papeles fundamentales en la regulación de las emociones y los diferentes ciclos biológicos. Dos que están particularmente relacionados con nuestra discusión sobre la depresión son el *hipotálamo* y el *sistema límbico*.

El hipotálamo es una estructura del cerebro increíblemente compleja del tamaño aproximado de un guisante. Es el centro de control de numerosos sistemas corporales (por ejemplo, el sistema hormonal y el sistema inmunológico) y las actividades físicas (controla o influye en los ciclos del sueño, el apetito, los impulsos sexuales y la capacidad de experimentar placer).

Adyacente al hipotálamo están las diversas estructuras del sistema límbico. Al sistema límbico se lo denomina a menudo «cerebro emocional», ya que es el asiento de las emociones humanas. Cuando tu hipotálamo y tu sistema límbico funcionan correctamente, eres capaz de ir a dormir y permanecer dormido, sentirte descansado, tener un apetito normal y sentimientos sexuales normales, sentirte enérgico y experimentar placer cuando suceden cosas buenas. Además, si te enfrentas a acontecimientos de la vida dolorosos, sentirás tristeza o malestar, pero no te sentirás sobrepasado (el sistema límbico ayuda a controlar las emociones para que no se sientan de un modo tan intenso).

El sistema límbico y el hipotálamo están regulados por un delicado equilibrio de varios neuroquímicos en el cerebro. Desafortunadamente, varias cosas pueden causar un desequilibrio o mal funcionamiento de estos productos químicos. Cuando esto ocurre, el resultado puede ser una depresión biológica. ¿Qué puede hacer que el sistema funcione mal? Hay seis causas o factores desencadenantes principales de tales disfunciones químicas.

Efectos secundarios de los medicamentos

Algunos medicamentos recetados pueden causar de forma inadvertida un cambio en la química del cerebro que provoca una depresión biológica severa (consulta la figura 7-A para ver los nombres de los medicamentos que pueden, en ocasiones, causar depresión). Estos efectos secundarios son relativamente raros, pero sí se producen de vez en cuando. Si no hay ninguna razón lógica para la depresión (es decir, no hay grandes cambios o pérdidas en la vida) y el comienzo de ésta fue tras el inicio del tratamiento con fármacos que aparecen en la figura 7-A, entonces la medicación es sospechosa. En tales casos, se debería contactar con el médico que recetó el medicamento.

Abuso crónico de drogas o alcohol

Una segunda causa común de la depresión biológica es el uso excesivo o prolongado de alcohol u otras drogas. Ciertas drogas llamadas recreativas, por ejemplo la cocaína y las anfetaminas, son populares por su capacidad de producir euforia. Sin embargo, con el abuso prolongado, muchos consumidores de drogas experimentan síntomas depre-

Figura 7-A		
Medicamentos que pueden causar depresión		
Tipo	*Nombre genérico*	*Nombre de la marca*
Antihipertensivos	Reserpina	Serpasil, Ser-Ap-Es,
(para la presión arte-	Clorhidrato proparonol	Sandril
rial alta o la migraña)	Metildopa	Inderal
	Sulfato de guanetidina	Aldomet
	Clorhidrato de	Ismelin sulfato
	clonidina	Catapres
	Clorhidrato de	Apresoline clorhidrato
	hidralazina	
Corticosteroides	Acetato de cortisona	Cortone
Hormonas	Estrógeno	Evex, Menrium,
	Progesterona	Femest
		Lipo-Lutin,
		Progestasert, Proluton
Antiparkinsonianos	Levodopa y carbidopa	Sinemet
	Levodopa	Dopar, Larodopa
	Clorhidrato de	Symmetrel
	amantadina	
Medicamentos contra	Diazepam	Valium
la ansiedad	Clordiacepóxido y	Librium
	otros	
Pastillas anticoncep-		Varias marcas
tivas		

sivos graves cuando desaparece el efecto de la droga. Aún más común es el efecto del abuso excesivo o prolongado de alcohol. El alcohol puede producir depresiones muy severas que suelen mejorar al cabo de unas semanas, una vez que se ha detenido el consumo de alcohol. *(Nota:* Si has estado consumiendo mucho alcohol y decides dejarlo, deberías hacerlo con asistencia y orientación médica para evitar el síndrome de abstinencia).

Enfermedad física

El tercer desencadenante biológico de la depresión, la enfermedad física, puede contribuir a la depresión de dos maneras *(véase* la figura 7-B). Puede causar cambios químicos en el cerebro o uno puede deprimirse debido al efecto de la enfermedad. Por ejemplo, una persona con artritis puede tener que soportar dolor físico diario. Los problemas cardíacos graves hacen que las personas alteren drásticamente su estilo de vida. Una persona con una enfermedad terminal se enfrenta a una incapacidad cada vez mayor y a la muerte. Es probable que cualquier enfermedad física debilitante desencadene respuestas psicológicas o emocionales. Sin embargo, además de estas esperadas reacciones emocionales ante la enfermedad, trastornos tales como los que se señalan en la figura 7-B pueden llegar a causar cambios químicos en el cerebro que desaten una depresión biológica.

La enfermedad de la tiroides es probablemente la causa médica más común de la depresión (posiblemente sea un factor en hasta un 10 por 100 de personas con depresión grave). Especialmente común y a menudo pasado por alto es el *hipotiroidismo subclínico,* que se diagnostica mediante un examen de sangre que muestra una elevación de la TSH (hormona estimulante de tiroides). Debido a su alta tasa de prevalencia, es una buena idea para todas las personas que experimentan depresión someterse a un examen básico de tiroides.

Trastornos primarios del sueño

Aproximadamente el 5 por 100 de la población adulta sufre de apnea del sueño. Ésta es una afección en la que las vías respiratorias de la persona se obstruyen durante el sueño, lo que resulta en numerosos episodios de respiración interrumpida durante la noche (más de 200-300 episodios). La apnea es más común en personas que tienen sobrepeso o que sufren de presión arterial alta, y casi siempre resulta en fatiga diurna pronunciada y (en el 45 por 100 de las personas con apnea) depresión. Esta causa de la depresión a menudo se pasa por alto y por lo tanto nunca se trata. Además, cuando la causa principal de la depresión es la apnea del sueño, el tratamiento antidepresivo no suele tener éxito. Las señales de advertencia más pronunciadas de la apnea del sueño son los ronquidos y la fatiga durante el día. Asegúrate de preguntarle a tu pareja si roncas (muchas personas que roncan no lo saben). Además de los ronquidos típicos, pregunta si dejas de respirar con frecuencia durante la noche (más de 10 segundos) y seguidamente das una bocanada. Si sospechas que padeces apnea del sueño, deberías contactar con un especialista en trastornos del sueño, ya que existen buenos tratamientos disponibles para esta afección.

Además, ten en cuenta que los trastornos del sueño en general pueden ser la causa de la depresión. Los trastornos se observan con frecuencia en mujeres premenopáusicas y menopáusicas (especialmente aquellas que experimentan sofocos), en mujeres que acaban de ser madres (la privación de sueño es un desencadenante importante de la depresión y de la enfermedad bipolar durante los dos primeros meses después del nacimiento de un bebé), en las personas que trabajan el turno de noche y tienen problemas para dormir durante el día y en individuos con trastornos del sueño asociados con el consumo de drogas (a veces, incluso un consumo mínimo); *véase* la figura 7-C.

Cambios hormonales

Verás que en la lista de la figura 7-B aparecen cambios de humor posparto (después de dar a luz), del síndrome premenstrual y de la menopausia. Éstas no son enfermedades físicas, sino que más bien son condiciones que implican cambios hormonales significativos. La depresión es mucho más común en las mujeres que en los hombres, y una de las razones puede tener que ver con la influencia de las hormonas femeninas en el estado de ánimo. Se ha demostrado que la incidencia de la depresión entre mujeres aumenta durante los principales períodos de flujo hormonal (por ejemplo, tras el nacimiento de un niño). Algunos investigadores sugieren que hasta el 50 por 100 de las mujeres experimentan un grado menor pero notable de cambios de humor durante la etapa premenstrual, y aproximadamente el 5 por 100 de las mujeres pueden sufrir experiencias depresivas muy graves durante esta fase. Tras el 10 por 100 de los nacimientos, la madre experimenta una depresión posparto severa. En maneras que aún no se comprenden bien, parece que las hormonas suelen afectar el delicado equilibrio químico del cerebro emocional, por lo menos en un pequeño porcentaje de mujeres genéticamente vulnerables.

Figura 7-B

Enfermedades y trastornos que pueden causar depresión

Enfermedad de Addison	Influenza
Sida	Neoplasias malignas (cáncer)
Anemia	Malnutrición
Asma	Menopausia
Síndrome de fatiga crónica	Esclerosis múltiple
Infección crónica (mononucleosis, tuberculosis)	Enfermedad de Parkinson
	Porfiria
Dolor crónico	Cambios de humor posparto
Insuficiencia cardíaca congestiva	Síndrome premenstrual
Enfermedad de Cushing	Artritis reumatoide
Diabetes	Sífilis
Hipertiroidismo	Lupus eritematoso sistémico
Hipotiroidismo	Uremia
Hepatitis infecciosa	Colitis ulcerosa

Estrés inducido

El estrés emocional, especialmente si se prolonga durante mucho tiempo, también puede conducir finalmente a cambios neuroquímicos en el cerebro. Esto es especialmente probable en dos tipos de circunstancias: (1) cuando una persona experimenta una pérdida importante; (2) cuando se enfrenta a retos difíciles, la persona se siente impotente, indefensa o abrumada. Se ha demostrado que las situaciones que llevan a experimentar impotencia no sólo producen fuertes reacciones biológicas en las personas, sino también en los animales.

Depresión endógena

Las depresiones endógenas (que surgen desde dentro, en ausencia de factores de estrés) se producen en ciertos individuos susceptibles por razones desconocidas. Tales personas experimentan de forma periódica un fuerte mal funcionamiento neuroquímico que da como resultado la depresión.

73

- *Depresión unipolar/severa recurrente:* Algunos tipos de depresiones altamente recurrentes pueden deberse principalmente a una causa genética o biológica subyacente. También hay una creciente evidencia que sugiere que, con repetidas depresiones severas, las estructuras específicas del cerebro se someten a fuertes cambios (entre los que se incluye la destrucción de las células nerviosas en ciertas partes del sistema límbico). Estos cambios se producen principalmente en respuesta a la exposición prolongada a ciertas hormonas del estrés (como el cortisol) y sustancias químicas del cerebro (por ejemplo, el glutamato). Así, para algunos individuos, uno o dos episodios depresivos iniciales pueden haber sido claramente provocados por la exposición a factores difíciles de estrés cotidiano. Sin embargo, con el tiempo y como consecuencia de la sobreexposición a este tipo de hormonas o neuroquímicos, el cerebro cambia. Tales cambios pueden dar lugar a una mayor vulnerabilidad biológica a episodios depresivos subsecuentes que parecen «endógenos» (es decir, que surgen en ausencia de factores de estrés cotidiano significativos).

  Afortunadamente, los tratamientos médicos para la depresión pueden prevenir el daño cerebral relacionado con la depresión e incluso promover la reparación del tejido cerebral *(véase* el capítulo 15).
- **El** *trastorno bipolar* es un tipo particular de la depresión endógena biológica anteriormente conocida como «enfermedad maníaco-depresiva». El trastorno bipolar es conocido por tener una carga genética fuerte (que es la manera que tiene un psicólogo de decir que tiende a darse en las familias). La mayoría de los profesionales están de acuerdo en que es un tipo de trastorno depresivo provocado casi en su totalidad por el mal funcionamiento bioquímico. Para una discusión más detallada de la enfermedad bipolar, *véase* el capítulo 17.
- *Trastorno afectivo estacional* (**TAE**)**:** Es un trastorno depresivo que según varias hipótesis es causado por los cambios en la cantidad

74

de luz a la que se está expuesto. ¿Los días grises te deprimen? Muchas personas parecen tener leves alteraciones del ánimo cuando está nublado; para otras, el cielo gris y la reducción de la luz del sol pueden provocar depresiones biológicas muy graves. Con el TAE, las depresiones suelen aparecer durante los meses de invierno, cuando hay menos luz solar disponible. También es importante tener en cuenta que la depresión resultante de la reducida exposición a la luz se produce en muchas personas que trabajan rutinariamente el turno de noche. La luz del sol estimula cambios en el hipotálamo (una estructura del cerebro diminuta pero muy importante). Estos cambios alteran el equilibrio neuroquímico en el cerebro de ciertos individuos. Para algunos, esta disminución de la luz provoca una depresión biológica severa. Algunos investigadores están ahora recetando «terapia de luz» a las víctimas del TAE. Esta terapia consiste en la exposición diaria a luces brillantes (el nivel de intensidad requerido es de 10.000 Lux). Los pacientes se sientan a un metro de distancia de un conjunto de luces fluorescentes entre veinte y sesenta minutos al día durante los meses de invierno. Los pacientes pueden participar en actividades normales mientras están expuestos a esta luz. Este tratamiento ha demostrado ser útil en pacientes con trastorno afectivo estacional real. Un enfoque adicional útil consiste en simplemente salir a la calle durante una hora cada día (incluso en días nublados, en el exterior hay una gran cantidad de luz para ayudar a combatir el TAE).

Ten en cuenta que muchas personas que sufren de trastorno afectivo estacional en realidad tienen una forma de enfermedad bipolar. El aumento de exposición a la luz brillante puede aliviar su depresión, pero también puede provocar un episodio maníaco (véase el capítulo 17). Se recomienda precaución en la realización de la terapia de luz brillante sin la supervisión de un profesional de la salud mental cualificado.

Cuando factores biológicos como los que se analizan en este capítulo desencadenan la depresión, las personas pueden desarrollar síntomas graves y, sin embargo, a menudo se sienten perplejas, ya que no ven ninguna razón lógica para sentirse deprimidas. Hay un buen número de tratamientos, en particular determinados medicamentos, disponibles para las depresiones biológicas. Hablaremos de ellos en detalle en el capítulo 15.

Figura 7-D

Resumen: causas de la depresión

Factores predisponentes

A. Experiencias tempranas en la vida
   1. Abandono temprano
   2. Pérdidas tempranas
   3. Padres emocionalmente inaccesibles
   4. Atmósfera emocional severa generalizada en el hogar
   5. Falta de apoyo para el crecimiento
   6. Maltrato y abuso sexual infantil
B. Herencia

Factores actuales o recientes

A. Pérdidas interpersonales
B. Pérdidas existenciales
   1. Desilusión/pérdida de un sueño
   2. Conciencia de la propia mortalidad
C. Eventos que disminuyen la autoestima
D. Enfermedad física y dolor crónico
E. Estrés prolongado

Factores biológicos

A. Efectos secundarios de la medicación
B. Abuso crónico de drogas/alcohol
C. Enfermedad física
D. Trastornos primarios del sueño
E. Cambios hormonales
F. Estrés inducido
G. Depresión endógena

Segunda parte

¿Qué puedo hacer para superar la depresión?

8

El curso de la depresión
y la prevención de recaídas

Mientras que la depresión es un evento que sucede una sola vez en la vida para muchas personas, en la mayoría de casos (cerca de dos tercios, de hecho) la depresión puede ser constante o puede volver una y otra vez (es decir, episodios recurrentes).

Es importante comprender estas formas persistentes de depresión porque son muy comunes y porque conducen a otra meta importante para el tratamiento. El objetivo número uno, por supuesto, es reducir y eliminar los síntomas depresivos actuales. Los que experimentan una depresión persistente, sin embargo, tienen un segundo objetivo: prevenir las recaídas.

Afortunadamente, se puede hacer mucho para romper el ciclo de la depresión prolongada, pero tienes que saber a lo que te enfrentas para estar preparado para tomar medidas. Por lo tanto, vamos a echar un vistazo a las diversas formas en que se presenta la depresión y lo que eso significa para la prevención de recaídas.

Instantáneas sobre el curso de la depresión

Una forma de obtener una imagen del curso de la depresión es mediante diagramas de líneas de tiempo. La figura 8-A, por ejemplo, representa un solo episodio de depresión.

Figura 8-A

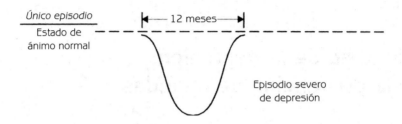

La mayoría de los episodios únicos sin tratar duran unos doce meses (el tratamiento, por supuesto, puede acortar este tiempo de sufrimiento considerablemente).

La figura 8-B muestra un patrón más típico de depresiones recurrentes. El tiempo entre episodios depresivos puede ser de entre dos y cinco años.

Figura 8-B

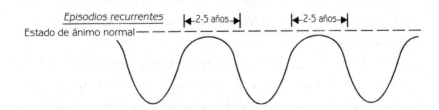

Si estás teniendo tu primer episodio de depresión, es muy difícil saber si habrá otros episodios más tarde, pero hay algunas pistas. Las investigaciones han identificado algunos factores de riesgo que pueden predecir una mayor probabilidad de episodios posteriores:

1. un fuerte historial familiar de depresión,
2. un primer episodio antes de los dieciocho años, o
3. una depresión actual muy grave con marcados síntomas biológicos.

No quiero ser pesimista al abordar estos temas, pero es importante conocer los hechos. Sin embargo, si estás en el grupo «de riesgo», ten en cuenta que hay formas muy efectivas para evitar la recaída que trataremos más adelante en este capítulo.

Aproximadamente entre el 15 y el 20 por 100 de las personas que pasan por una *depresión severa* solamente experimentan una recuperación parcial (incluso con el tratamiento) y luego se quedan con una *depresión crónica de bajo grado* que puede durar años (*véase* la figura 8-C). En casi todos los casos, esta afección puede remediarse mediante un tratamiento agresivo. Muchos de estos individuos lamentablemente sienten que simplemente deben «aguantar» esta prolongada depresión de menor gravedad, pero no necesitan hacerlo. Si esta descripción es aplicable a ti, por favor, toma medidas. Enfoques más nuevos para el tratamiento con medicamentos para la depresión han demostrado tener un gran éxito en conducir a estos «resistentes parciales» hacia una recuperación completa.

Figura 8-C

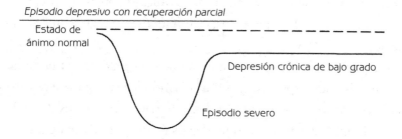

La *distimia,* un tipo de depresión crónica de bajo grado que a menudo comienza en la infancia o en la adolescencia y puede durar toda la vida, se ilustra gráficamente en la figura 8-D. A veces, la distimia se etiqueta como una «depresión leve», tal vez porque es una afección «de bajo grado» y no pone totalmente la vida en peligro. Pero es un nombre inapropiado. Este trastorno afecta a un 3 por 100 de la población y se traduce en una experiencia cotidiana de baja autoestima, falta de energía, falta de motivación, pensamiento negativo y disminución de la sensación de vitalidad. Multiplica estas experiencias diarias por las décadas de la vida de uno y verás que no estamos hablando de un problema «leve». La distimia roba vitalidad a las personas y también afecta significativamente a las que las rodean.

Figura 8-D

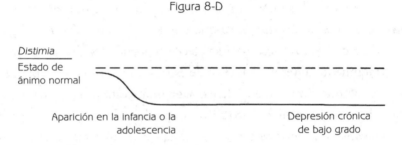

Afortunadamente existen tratamientos, entre los que se incluyen medicamentos antidepresivos, que han resultado ser muy eficaces en más de la mitad de las personas que sufren este trastorno. Las personas en mi consulta que han tenido una respuesta satisfactoria a la medicación casi siempre comentan: «¡Nunca me he sentido tan bien en toda mi vida!». En tales casos, este tratamiento realmente les cambia la vida.

Las personas con distimia también pueden experimentar periódicamente episodios depresivos agudos. Cuando los episodios severos pasan, estos pacientes vuelven a su base de referencia menos depresiva. Esta enfermedad, conocida como depresión doble (*véase* la figura 8-E), es también muy sensible al tratamiento.

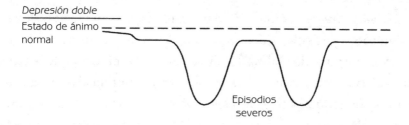

Figura 8-E

Depresión doble
Estado de ánimo normal
Episodios severos

Por último, el *trastorno bipolar,* que se discutió en el capítulo 7, se ilustra en la figura 8-F, que muestra los severos cambios de humor entre la depresión y los estados maníacos característicos de este trastorno *(véase* el capítulo 17).

Figura 8-F

Episodio maníaco

Enfermedad bipolar
Estado de ánimo normal

Episodios depresivos

La prevención de recaídas

Todas las personas que conozco que han vivido un episodio de depresión severa, comprensiblemente, tienen miedo incluso de pensar en volver a pasar otra vez por esa especie de infierno. Lo más probable es que no tengas que hacerlo si sabes a lo que te enfrentas y estás preparado para tomar medidas.

La depresión episódica continua o recurrente descrita anteriormente es muy común, por lo que es importante centrar nuestra atención

83

en la prevención de recaídas. Hay tres enfoques principales que me gustaría discutir contigo.

Acción directa. Es muy útil tener claras las circunstancias o acontecimientos particulares de la vida que desencadenaron para ti la depresión en el pasado. Tal vez las situaciones más comunes que llevan a la depresión son las *relaciones* problemáticas continuadas en las que uno puede sentirse utilizado, ignorado o maltratado. Otro conjunto común de acontecimientos que pueden provocar la depresión es la escasa participación en *actividades significativas* (ir a la iglesia, actividades recreativas, trabajo de voluntariado, etcétera). Las relaciones sanas y los compromisos sociales proporcionan una fuente continua de significado en la vida. Si permitimos que se deterioren, estas fuentes de vitalidad pueden secarse poco a poco, empujándonos otra vez de forma gradual hacia la depresión.

Piénsalo de esta manera: si hay un incendio en tu casa, puedes abrir las ventanas y dejar que salga parte del humo, pero es una solución temporal. Es mejor extinguir el fuego directamente. Pasar a la acción directamente para alterar las circunstancias de la vida que pueden provocar la depresión es una parte importante de la prevención de recaídas. ¿Estoy afirmando lo obvio? Quizás. Pero hay demasiadas personas que tienen una enorme capacidad para ignorar en mayor o menor medida este tipo de situaciones problemáticas hasta que alcanzan un nivel de crisis.

En lugar de eso, me gustaría animarte a adoptar esta perspectiva: *Me debo a mí mismo evitar la recurrencia de la depresión en mi vida. Para conseguirlo de algún modo, me comprometo a estar en guardia para cualquier circunstancia de la vida que tenga el potencial de causarme daño emocional y luego hacer todo lo posible para hacerle frente. Si los problemas no se resuelven con facilidad, consideraré acudir a un terapeuta para que me ayude a formular un plan de acción. Mi bienestar emocional está en juego y no estoy dispuesto a pasar por alto estas cuestiones si aparecen en mi vida.*

Si los problemas en una relación son la fuente de angustia, tal vez la acción a tomar sea buscar activamente la solución de los problemas que os están dividiendo. Si los problemas son graves y la relación es muy importante (por ejemplo, tu matrimonio), quizás es mejor buscar la solución mediante la psicoterapia o terapia matrimonial.

Si el problema es la falta de contactos sociales o de participación en la comunidad, la línea es aún más directa: involúcrate de nuevo. Busca a gente en pequeños grupos con intereses comunes: la iglesia, organizaciones de servicio voluntario, grupos musicales, clubes de aficiones, deportes, teatro, grupos sociales, etcétera.

Presta atención a las primeras señales de alerta: Un segundo elemento clave en tu campaña contra la recaída es llegar a ser muy consciente de tus propias y únicas «primeras señales» de recurrencia, que varían mucho de persona a persona. Entre las primeras señales de alerta que suele percibir la persona que experimenta la depresión se incluyen: falta de concentración, trastornos del sueño, irritabilidad, fatiga y pérdida de interés en actividades de la vida habitual. Entre las señales de alerta que suelen observar otras personas importantes se incluyen: retraimiento, falta de afecto/intimidad, irritabilidad, mal humor, falta de cumplimiento de tareas normales (por ejemplo, el pago de facturas) y problemas de sueño. Es importante hacer hincapié en que la capacidad de detectar un nuevo episodio a tiempo es crucial en la prevención de recaídas y suelen ser los seres queridos los que perciben los primeros síntomas. Será importante hablar con ellos sobre el tema y fomentar la comunicación abierta si cualquiera de estos síntomas comienza a reaparecer.

Cuando tales indicaciones comienzan a emerger, tu peor enemigo es la negación. *No ignores estas señales de advertencia,* porque la acción rápida es el antídoto. Al primer indicio de recurrencia, toma medidas para corregir la situación. Si el *tratamiento psicológico* te ayudó anteriormente, ponte en contacto con tu terapeuta y vuelve a empezar de inmediato; si los *enfoques de autoayuda* fueron útiles, saca este libro, refresca la mente y empieza a trabajar en ellos. Si los *medicamentos antidepresivos* te fueron bien en el pasado, llama a tu médico de inmediato. La mayoría de las depresiones recurrentes pueden ser cortadas de raíz mediante la adopción de medidas decisivas antes de que la depresión cobre fuerza.

Considera los medicamentos antidepresivos. Para las personas que han respondido bien a los medicamentos antidepresivos, el tratamiento continuo con medicamentos suele tener sentido para evitar una recaída. Las directrices del Instituto Nacional de Salud Mental y de la Asociación Americana de Psiquiatría afirman ahora que el tratamiento continuo (de por vida) con antidepresivos es muy recomendable para todas las personas que han tenido dos o tres episodios de depresión severa. El tratamiento continuo con medicamentos a menudo ha demostrado ser altamente eficaz en la prevención de recaídas en personas con depresiones recurrentes obvias.

Ésta puede parecer una recomendación drástica. Sin embargo, si la depresión es recurrente e importante, la alternativa puede ser experimentar un episodio tras otro, lo cual no es la forma en que ninguno de nosotros quiere ir por la vida. El tratamiento continuo cuenta con el apoyo firme de las investigaciones como un método altamente eficaz de prevenir la recaída de la depresión severa recurrente. (Hablaremos más a fondo de los medicamentos antidepresivos en el capítulo 15).

Puede que te ayude pensar de esta manera: si te diagnosticaran diabetes, sabes que estarías tomando insulina el resto de tu vida. ¿No se merece tu salud mental de por vida la misma consideración?

En este capítulo sólo hemos rascado un poco la superficie de los pasos a tener en cuenta en la prevención de la recaída después de un episodio depresivo severo o para levantarte tú mismo de una enfermedad depresiva crónica de por vida. Todos los procedimientos descritos en este capítulo y a lo largo de la segunda parte de este libro son dignos de tu consideración mientras haces frente a la importante tarea de prevenir la depresión en tu futuro. Si optas por decir: «Ya he pasado por eso, ya lo he hecho» y dejar atrás la depresión, te insto a considerar estos métodos de prevención y tratamiento, encontrar los que te funcionan y seguirlos. Ya conoces los beneficios de mantener la depresión fuera de tu vida.

9

Decisiones sobre el tratamiento

La depresión puede resultar desesperanzadora a pesar
de que el pronóstico sea excelente.
DR. DAVID BURNS

La mayoría de las personas que están deprimidas no reciben ningún tratamiento; de hecho, sólo una de cada tres personas deprimidas recibe ayuda profesional.

Algunas personas pueden no reconocer que la depresión es la causa de su malestar. Muchas personas sólo experimentan la depresión como una enfermedad física. Algunas no saben que hay ayuda disponible y muchas no pueden permitirse un tratamiento privado.

Obviamente, los bajos estados de ánimo ocasionales no requieren tratamiento, ya que este tipo de experiencias son una parte natural de la condición humana. Sin embargo, los períodos más graves y prolongados de depresión, tal como se describe en el capítulo 1, son motivo de preocupación. La depresión, además de causar un considerable sufrimiento emocional, también puede conducir a problemas graves en el funcionamiento (a veces se pierden empleos y se arruinan matrimonios). A muchos padres buenos les resulta difícil, si no imposible, interactuar y cuidar a sus hijos durante períodos de depresión grave. A veces la depresión puede conducir a una disminución de la resistencia a enfermedades y resulta en una mala salud física. En algunos casos extremos, el resultado es el suicidio. Por lo tanto, es muy importante que seas consciente de que *la depresión se puede tratar con éxito en la gran mayoría de los casos.*

Muchas personas deprimidas sienten una enorme cantidad de desesperanza y creen: «Nunca voy a salir de esta depresión... Nada me ayudará». Un sentimiento de desesperanza en sí mismo es un *síntoma* de depresión y no es poco frecuente. Sin embargo, cuando te sientas desesperado, ten en cuenta que este *sentimiento* o *creencia* no es un *hecho*. Arthur, un paciente mío reciente de psicoterapia, había experimentado un episodio depresivo enormemente doloroso. Después de recuperarse, dijo: «Cuando estaba muy deprimido estaba absolutamente convencido de que no había esperanza para mí. No podrías haberme convencido de ningún modo de que alguna vez superaría la depresión. La desesperanza parecía tan real... Gracias a Dios que no me maté, porque ahora estoy realmente bien». Ésta es una experiencia muy típica. La depresión puede dar como resultado un velo de oscuridad que nubla la propia visión del futuro; pero esta sensación de desesperanza es un *síntoma* de depresión, no un *hecho*. ¡Lo que sí *es* un hecho es que cuatro de cada cinco personas con depresión severa se recuperan cuando reciben el tratamiento adecuado!

Recursos para el tratamiento

Aunque el tratamiento psiquiátrico privado o la psicoterapia pueden muchas veces ser caros, en la mayoría de las ciudades existen tratamientos de coste más bajo o gratuitos en los centros comunitarios de salud mental pública locales. Si deseas ayuda para localizar un programa de tratamiento de bajo coste en tu comunidad, aquí tienes una serie de recursos que pueden ser de ayuda. Búscalos en tu directorio telefónico local o llama a información telefónica para que te faciliten el número:

Centro Comunitario de Salud Mental
Departamento de Salud del Condado
Departamento de Servicios Sociales del Condado
Servicio Telefónico de Línea Directa o Línea de Crisis
Centro de Orientación Universitario
Clínica del Departamento de Psicología de la Universidad
Centro de Servicios de Familia

No dudes en llamar a psicólogos, psiquiatras, trabajadores sociales clínicos, terapeutas matrimoniales y familiares, miembros del clero u otros organismos de tu localidad para pedir a sus honorarios o para obtener información sobre los servicios de bajo coste.

Si no encuentras un recurso local, ponte en contacto con:

Asociación Nacional de Salud Mental
1021 Prince Street
Alexandria, Virginia 22314
Teléfono: 1-800-969-NMHA
(Pregunta por la dirección de la Asociación de Salud Mental de tu localidad).
Programa de Concienciación de la Depresión (D/ART)
Instituto Nacional de Salud Mental
5600 Fishers Lane, Sala 10-85
Rockville, MD 20857
Teléfono: 1-800-421-4211

¿Y ahora qué hago?

A lo largo de este libro he hecho hincapié en que tienes varias opciones. Dependiendo de la naturaleza y la gravedad de tu afección, las opciones de tratamiento se dividen en dos grandes categorías: *enfoques de autoayuda* y *tratamiento profesional.*

Si después de leer esto tienes claro que estás deprimido, ¿cuál es el siguiente paso? Muchas formas leves de depresión se pueden resolver en unas semanas mediante los procedimientos descritos en los próximos capítulos. Sin embargo, las formas más persistentes o severas de depresión pueden ser difíciles de superar sin ayuda profesional. Si estás experimentando cualquiera de los siguientes signos o síntomas, probablemente será mejor considerar el tratamiento profesional:

- Una sensación generalizada de disforia o desesperación, con ausencia de momentos en los que eres capaz de experimentar felicidad.
- Graves trastornos en las relaciones personales o incapacidad para trabajar.
- Ideas suicidas persistentes y fuertes.
- Síntomas biológicos de depresión, tales como trastornos del sueño significativos o pérdida de peso *(véanse* los capítulos 1, 7 y 14).
- Desesperanza o apatía profunda. A veces las personas pueden sentirse tan desesperadas o apáticas que es difícil empezar a utilizar enfoques de autoayuda.
- Síntomas de trastorno bipolar (es decir, síntomas maníacos): *véase* el capítulo 17.

Si no estás seguro de qué método es mejor para ti, ¿por qué no programar una sola cita con un profesional y hablar de ello?

En los próximos capítulos, voy a esbozar varias estrategias de autoayuda que han sido ampliamente utilizadas en el tratamiento de la depresión. La depresión es como una guerra. Es importante atacar el problema desde muchos frentes diferentes. El uso combinado de los diferentes enfoques de autoayuda descritos en estos capítulos te proporcionará una amplia gama de estrategias de autoayuda y municiones para superar la depresión.

10

Respuestas saludables y destructivas ante el dolor emocional

Es inevitable que todos vayamos a enfrentarnos tanto a dolores físicos como emocionales. Ante hechos dolorosos, hay muchas opciones sobre cómo responder. Algunas opciones pueden conducir a la curación, otras pueden desencadenar una reacción en cadena de respuestas que conducen a un aumento del dolor emocional, el tipo de dolor que bloquea el crecimiento y la recuperación.

He aquí una analogía que muestra el paralelismo entre la herida y la curación emocional y física. Si te caes y te haces un rasguño en la rodilla, un enfoque para hacer frente a la lesión sería evitar una nueva lesión y su infección a toda costa vendando la herida en exceso. Esto podría proporcionar cierta protección. Sin embargo, si fueras a quitarte la venda varias semanas después, la herida no habría sanado; seguiría estando húmeda y posiblemente peor de lo que estaba justo después el accidente. Una herida necesita la protección que proporciona un vendaje, pero también es esencial que esté expuesta al aire de manera que se pueda formar una costra.

Del mismo modo, las personas tienden a reaccionar a un trauma emocional *negando o suprimiendo sus sentimientos dolorosos.* Un ejemplo común de esto suele darse tras la muerte de un ser querido. Uno o varios miembros de la familia no van a llorar abiertamente; más bien suprimen sus sentimientos de tristeza. Una de las razones es que piensan: «Alguien tiene que ser fuerte y encargarse de la organización del funeral… Alguien tiene que ser fuerte para proporcionar apoyo y estabilidad a los demás». Lamentablemente, estas personas suelen ser elogiadas por su «fuerza»: «¡Oh, lo está llevando tan bien…, menuda roca!». Otra razón para la supresión de la pena es que es tan terriblemente dolorosa que las personas piensan que no pueden soportar los sentimientos. Es muy humano que no nos guste el dolor y queramos evitarlo.

¿Qué hay de malo en negar o reprimir el dolor? La represión de sentimientos es siempre una solución a corto plazo; los sentimientos interiores dolorosos no desaparecen y, como la rodilla magullada, el vendaje excesivo interfiere con la futura curación. Las personas que se niegan a llorar casi siempre prolongan el proceso de curación. Tales personas continuarán teniendo sentimientos de pérdida intensa durante un período de tiempo mucho más largo, están en alto riesgo de desarrollar enfermedades físicas y a menudo desarrollan una reacción depresiva más seria. La represión de la pena, simplemente, no funciona.

Volvamos a la lesión física por un momento. Un segundo enfoque para hacer frente a la herida es exponerla al aire. Sin embargo, a medida que la rodilla comienza a curarse, puedes volver a lesionarte al caer de nuevo, o tal vez arrancarte la costra. Cada vez que la costra se desprende es como una nueva herida que tiene que comenzar a curarse de nuevo. También es posible que la lesión empeore al infectarse.

En un nivel emocional, esta herida nueva o autoinfligida sucede a menudo. Aunque la mayoría de las personas no vuelven a lesionarse de manera consciente o voluntaria, es muy común hacerlo. ¿Cómo ocurre esto? Una manera es *volver a exponerse a la misma situación dolorosa*. Un ejemplo es el de una mujer casada con un marido abusivo. Él es cruel con ella, la menosprecia y la ignora, lo cual es muy doloroso para ella; sin embargo, vuelve con él para experimentar más de lo mismo.

Una segunda manera muy habitual de volver a causar una herida es el surgimiento de un *pensamiento excesivamente negativo y autocrítico.* Los profesionales de la salud mental han descubierto recientemente un proceso muy común pero no saludable que a menudo comienza en las primeras etapas de la depresión. La percepción del mundo y de uno mismo se vuelve enormemente negativa; todo lo que se ve son defectos personales e insuficiencias. El mundo parece negro, el futuro sombrío y la persona se vuelve extremadamente autocrítica. Un hombre cuya esposa lo ha dejado porque tenía un romance comienza a reprenderse a sí mismo: «Soy un maldito estúpido. ¿Qué me pasa? Estropeé mi matrimonio y estoy arruinando mi vida entera. Soy un inútil, no soy bueno para mí ni para nadie. No hago nada bien». Él ya está suficientemente herido por perder a su esposa, pero además, se castiga y menosprecia a sí mismo. Una persona deprimida puede no reconocer este tipo de pensamiento negativo, pero aun así puede tener un efecto profundo, intensificando significativamente el dolor emocional. (Este tema se tratará en detalle en el siguiente capítulo).

Figura 10-A
Acciones que bloquean la curación emocional

1 Negar o reprimir los sentimientos dolorosos.
2 Volver a hacerte daño:
   a) exponiéndote de nuevo a la misma situación dolorosa
   b) mediante pensamientos excesivamente negativos y críticos.

¿Cómo puedes ayudarte a ti mismo a *promover* la curación emocional? Las personas que superan épocas difíciles con éxito, incluso ante pérdidas traumáticas, encuentran útiles seis acciones clave:

• En primer lugar, *aceptan que es normal tener sentimientos dolorosos.* Una de mis pacientes, una mujer cuyo marido la había dejado, lo explicó bien: «Me duele muchísimo y no me gusta la tristeza, pero de veras me parece normal sentirme de esta manera porque él me importaba mucho».

- En segundo lugar, *ellas mismas se dan permiso para sentir esas emociones humanas normales.* Muchas veces la gente puede pensar: «Debería haberlo superado ya», «No debería dejar que esto me afectara tanto», o «¿Qué me pasa?», «Me siento como un bebé llorón», «Debería ser fuerte», y demás. En cada caso, de hecho, la persona experimenta un sentimiento interior, pero trata de negarlo, minimizarlo o suprimirlo, tal vez siendo muy autocrítico, por ejemplo: «No sé qué me pasa…, me siento tan débil». Las consecuencias son la autocrítica y la represión de sentimientos.

- Las personas que llevan *bien* las pérdidas dolorosas también se permiten *expresar los sentimientos.* Aunque el mecanismo exacto aún no se entiende del todo, los psicólogos saben que hay una parte saludable en expresar sentimientos de dolor, especialmente si eres capaz de compartir los sentimientos con una persona que sepa escuchar, se preocupe y no sea crítica. A veces los amigos a los que importamos responden diciendo: «Vas a estar bien… No te disgustes tanto. Lo superarás». Las intenciones son buenas, pero el mensaje es: «No deberías llorar, no deberías estar triste». Esta negación de los sentimientos no es útil y puede interferir con la expresión natural de los sentimientos, y con la curación.

- Es sumamente valioso *mantenerse en contacto con amigos o miembros de la familia que nos apoyen,* y permitirles que nos ayuden. ¡Cuando estás tratando de curar una herida emocional no es el momento de ser «valiente» e intentar hacerlo solo!

- Otra cosa que ayuda en la curación de un trauma emocional es *mantener una visión clara de la realidad;* enfrentarse de lleno a la totalidad de la vida y a uno mismo, tanto a los aspectos negativos como a los positivos. Para muchas personas, una buena manera de expresar emociones y lograr una perspectiva clara y realista es escribir en un diario. La forma más útil de hacerlo es escribir de manera que expreses tus emociones más profundas (una mera recopilación factual de acontecimientos no es especialmente eficaz. En lugar de eso, trata de escribir desde el corazón).

- Una sexta acción clave que promueve la curación es participar en la resolución de problemas. Esto puede resultar difícil en momentos de dolor agudo o desesperación, pero en cierto momento es muy importante. Un ejemplo de esto es el hombre que acaba de pasar por un divorcio doloroso. Está muy triste por esta ruptura de su matrimonio y echa de menos a su esposa, pero se ha enfrentado de manera realista a los hechos que han cambiado su vida y se ha permitido sentir y expresar tristeza. La resolución de problemas comienza a tener lugar cuando piensa para sí mismo: «Me siento muy triste, pero mi vida debe continuar y quiero pensar en lo que puedo hacer para empezar a poner mi vida en orden. Sé que voy a estar solo en muchos momentos. Puede que tenga que aprender a vivir con un poco de dolor por la soledad, pero también quiero hacer cosas para no tener que estar solo todas las noches». Mediante la planificación de actividades con sus amigos, familiares y su iglesia, está empezando a hacer frente al problema de estar solo.

Figura 10-B

Acciones que promueven la curación emocional

1. Aceptar que es normal tener sentimientos dolorosos.
2. Permitirte sentir tus emociones normales, incluso el dolor.
3. Expresarle tus sentimientos al menos a una persona.
4. Estar en contacto con amigos o familiares que te den apoyo.
5. Mantener una percepción realista de tu vida y de ti mismo. Escribir en un diario suele ser de ayuda.
6. Involucrarte en la resolución de problemas que promueva el crecimiento.

11

¿Puedes ayudarte a ti mismo?

En los últimos años, psiquiatras y psicólogos han desarrollado un nuevo enfoque para el tratamiento de la depresión llamado «terapia cognitiva».

Esta forma de tratamiento ha ganado una gran popularidad por dos razones: primero, porque *funciona.* En un estudio de seis años realizado por el Instituto Nacional de Salud Mental, la terapia cognitiva ha demostrado ser una forma muy efectiva de tratamiento para pacientes con depresión de leve a moderada. La eficacia fue igual a la observada en pacientes tratados con medicamentos antidepresivos (como se informa en *Time,* 26 de mayo, 1986). Una serie de otros estudios científicos llevados a cabo de forma independiente también han demostrado que este enfoque es muy eficaz (el libro del doctor Aaron Beck, *Terapia cognitiva de la depresión*, resume gran parte de la investigación en el campo). A diferencia de otros enfoques, la terapia cognitiva tiene una base sólida de eficacia documentada.

La segunda razón para la popularidad de este enfoque es que, aunque es un tipo de tratamiento ofrecido por muchos terapeutas profesionales, *también puede ser utilizado como un poderoso enfoque de autoayuda.*

Me gustaría describirte la terapia cognitiva y enseñarte cómo poner en acción este enfoque de autoayuda por ti mismo. Según mi expe-

97

riencia, la mayoría de las personas pueden aprender fácilmente técnicas cognitivas debido a que en muchos aspectos se basan en el sentido común. Después de leer este capítulo podrás empezar a utilizar estas técnicas para disminuir tus sentimientos depresivos.

Un aumento momentáneo en el estado de ánimo no curará en sí mismo la depresión severa. Sin embargo, si te sientes deprimido y eres capaz de hacer algo que en un par de minutos te haga sentir al menos un poco menos deprimido, esto puede aumentar tu sensación de poder o control sobre tus emociones y despertar la esperanza. Además, los enfoques cognitivos aplicados durante un período de varias semanas pueden reducir significativamente los síntomas depresivos. Esto se ha documentado en la investigación.

Sé que si estás deprimido, puedes sentirte bastante escéptico ante cualquier enfoque de autoayuda. La mayoría de las personas que han estado deprimidas han intentado una serie de cosas para salir de su estado de ánimo deprimido y se han sentido frustradas cuando sus esfuerzos han fracasado. Es fácil desarrollar un sentido de pesimismo y desesperanza cuando nada parece funcionar. No hay enfoques que alivien una depresión severa de manera rápida y total; sin embargo, muchas de las técnicas de la terapia cognitiva han demostrado dar como resultado con bastante rapidez alguna mejora del estado de ánimo. Por favor, sigue leyendo y dale a estas ideas la oportunidad de que funcionen.

El pensamiento negativo causa la depresión y la empeora

Como hemos visto en la primera parte de este libro, algunos tipos de depresión son causados por enfermedades o un mal funcionamiento biológico. En el capítulo 15 se discutirán maneras de hacerles frente. Sin embargo, muchas depresiones son provocadas por acontecimientos ambientales. A veces, estos acontecimientos son específicos y fáciles de reconocer, como un divorcio, ser despedido de un trabajo o la muerte de un amigo o un pariente cercano. Otros «desencadenantes ambientales» pueden ser menos específicos. Por ejemplo, la disminución gradual del afecto de un cónyuge a lo largo de una serie de años, o una naciente percepción lenta de que tus esperanzas y sueños no pueden hacerse realidad (por ejemplo, la esperanza de tener éxito en los negocios o encontrar la felicidad en una relación). La mayoría de las veces, tanto si los eventos son específicos y repentinos como vagos e insidiosos, representan pérdidas o decepciones. ¿Las pérdidas y desilusiones siempre dan como resultado la depresión? ¡La respuesta es no! La mayoría de las pérdidas conducen a sentimientos de tristeza, pero hay diferencias importantes entre los sentimientos de tristeza y la verdadera depresión.

Para empezar a entender cómo puede haberse desarrollado tu depresión, vamos a considerar un hecho muy básico:

«Los estados de ánimo los crean tus "cogniciones"…».
DR. DAVID BURNS, 1980

El término *cognición* se refiere a una variedad de procesos mentales, entre los que se incluyen pensamientos, percepciones, creencias y actitudes. Tu perspectiva y tu forma de ver e interpretar los acontecimientos de tu vida tendrán mucho que ver con cómo te sientes. Veamos un ejemplo: dos trabajadores de una fábrica están expuestos exactamente al mismo acontecimiento. A cada uno de los hombres se le notifica que va a ser despedido de su trabajo debido a que la fábrica va a cerrar. Echa un vistazo a las cogniciones (pensamientos y percepciones) «dentro de las cabezas» de cada hombre:

• Bob: «*Oh, Dios mío, esto va a ser terrible ¿Qué voy a hacer? Tengo que alimentar a mi familia. No voy a ser capaz de encontrar otro trabajo… Nadie va a querer contratarme. Tengo cuarenta y cinco años y es imposible conseguir un trabajo a menos que seas más joven*».

- Jim: «*Probablemente esto va a ser difícil. ¿Qué voy a hacer?… Bueno, puede ser difícil encontrar un empleo, pero tengo un buen historial de trabajo y habilidades. Voy a empezar a planificarlo ahora*».

Cuando comienza una depresión, la persona suele reaccionar empezando a pensar de forma negativa y pesimista. Bob ha cometido varios errores en su forma de pensar que garantizan la angustia. En primer lugar, hace *predicciones* bastante negativas: «Esto va a ser terrible»; «No voy a ser capaz de encontrar otro trabajo» y «Nadie va a querer contratarme». Por supuesto, si estas predicciones fueran 100 por 100 exactas, tendría motivos para sentirse muy desanimado. Pero, ¿cómo *sabe* Bob que estas afirmaciones son ciertas? ¿Dónde está la evidencia? En una depresión, se suelen creer las predicciones pesimistas y negativas y la persona reacciona como si fueran hechos.

En segundo lugar, Bob saca una *conclusión* acerca de la realidad: «Es imposible conseguir un trabajo a menos que seas más joven». ¿Es esto absolutamente cierto? Probablemente no, pero por el momento Bob siente que lo es y el resultado es la desesperación o el pánico. La realidad podría ser que es *difícil* encontrar un trabajo, pero no totalmente *imposible*. Finalmente, Bob no tiene en cuenta los aspectos positivos. Por supuesto que se siente mal por perder su trabajo, nadie se alegraría por ello. Mientras que los dos hombres tienen una razón por la que estar disgustados, Bob, a causa sus excesivos pensamientos negativos ha generado un sufrimiento y pesimismo adicionales por sí mismo.

Jim responde de manera muy diferente. Él también reconoce que la pérdida de su empleo puede ser una situación difícil de tratar; nunca resulta de ayuda negar los problemas o pasar por alto un dolor o una desgracia obvios. Sin embargo, no saca conclusiones excesivamente pesimistas, no hace predicciones sombrías y es capaz de ser consciente de algunos aspectos positivos. Mantiene una perspectiva realista. A pesar de estar exactamente en la misma situación que Bob, Jim es capaz de hacer un balance de sus puntos fuertes, sus habilidades y su historial de trabajo. Está listo para hacer frente a su nueva tarea: *encontrar* un trabajo. Espero que en este ejemplo quede claro cómo el modo en que cada uno de los hombres *interpreta* y *piensa en* su situación puede afectar en gran medida a cómo se siente.

Veamos otro ejemplo. Estás atravesando el país en avión para visitar a tu familia. El plan es que ellos te estarán esperando en el aeropuerto. Tu avión llega y cuando te bajas del avión hay una sala de espera llena de gente, pero nadie esperándote. Esperas treinta minutos y aun así nadie ha venido a recogerte. ¿Qué puede estar pasando por tu mente? Cómo te puedes sentir dependerá en gran parte de lo que estés pensando. Éstas son algunas ideas posibles y las emociones resultantes:

Figura 11-A

Abandonado en el aeropuerto

Pensamientos	Sentimientos
1. «Dios mío, ¿no habrán tenido un accidente?».	1. Miedo, preocupación.
2. «Quizás he metido la pata y les di una fecha errónea».	2. Rabia hacia ti mismo, culpa.
3. «¡No me lo puedo creer! ¡Se han olvidado!».	3. Rabia hacia ellos.
4. «Posiblemente estén en un atasco».	4. Molestia leve.
5. «No estoy seguro de por qué llegan tarde, pero será mejor que les llame o que coja un taxi».	5. Ningún sentimiento fuerte.

En esta situación no hay ninguna manera real de saber a ciencia cierta qué ha sucedido. Tratarás de averiguarlo y puede que llegues a una de estas conclusiones. Obviamente, el sentimiento particular que tengas y su intensidad no dependen de la situación en sí, sino de los *pensamientos que tienes* sobre la situación. Como en la posibilidad 5, un pensamiento no implica predicciones o conclusiones, sino que puede estar orientado a la resolución de problemas.

¿En qué piensas?

El supuesto más básico que subyace en el enfoque cognitivo para hacer frente a la depresión es que cuando se experimenta una situación estresante, como una pérdida o decepción, se desencadena una reacción en cadena de cogniciones. Existen dos caminos posibles para tu actividad mental. El primero es que percibes y piensas en la situación de una manera muy *realista*. Si tu percepción de la realidad es exacta, las emociones resultantes serán normales y adaptativas. La respuesta emocional normal ante una pérdida, por ejemplo, es tristeza o dolor. La tristeza normal, aunque sea dolorosa, con el tiempo puede conducir a la curación emocional. En un estado de tristeza normal no estarás desbordado de pesimismo extremo y serás capaz de mantener un sentimiento de autoestima.

El segundo camino posible de tu actividad mental en una situación así es *distorsionarla* de forma especialmente negativa y pesimista. Las cogniciones extremadamente negativas, aunque suelen parecer ser válidas, casi siempre contienen distorsiones. Las *distorsiones* implican:

- percepciones negativas poco realistas de uno mismo, de la situación actual y de las experiencias en curso,
- puntos de vista muy pesimistas del futuro,
- no considerar los aspectos positivos.

Como tales percepciones negativas implican una cierta distorsión de la realidad, se han denominado con frecuencia «distorsiones cognitivas». Cuando las personas comienzan a cometer estos errores o distorsiones en el pensamiento y la percepción, los *resultados* son:

- pesimismo extremo,
- erosión de los sentimientos de autoestima y autovaloración,
- emociones destructivas que conducen al aumento del sufrimiento y bloquean la curación.

Éstas son las experiencias que marcarán el comienzo de un proceso depresivo insidioso que normalmente conduce a una mayor cantidad de dolor emocional en lugar de a la recuperación emocional.

En el inicio de la depresión comienza una reacción en cadena de cogniciones negativas, casi como una sola chispa que enciende una hoguera, que provoca una explosión de pensamientos negativos. Cuando las personas están deprimidas, tales pensamientos negativos se producen literalmente cientos de veces al día, generando cada vez más sufrimiento y pesimismo. Y, como la hoguera, una vez que se enciende, la persona deprimida puede en realidad echar más «leña» para que no se apague. Los pensamientos negativos recurrentes, a menudo casi continuos, mantienen viva la depresión e interfieren en la curación emocional. Al igual que si eliminamos continuamente la costra mencionada en el capítulo 10, la herida se vuelve a generar una y otra vez.

Los dos caminos de la respuesta cognitiva a un acontecimiento doloroso se resumen en la figura 11-B:

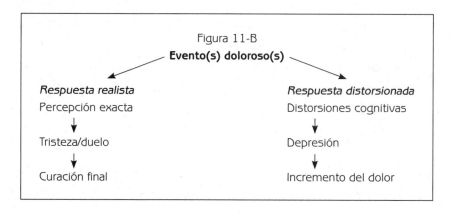

¿Por qué alguien haría de manera intencionada algo que causa dolor y bloquea la curación? La respuesta es que casi nadie lo haría si se tratara de un acto consciente. Sin embargo, la mayoría de las personas no son conscientes de que están realizando distorsiones cognitivas. Un pensamiento de este tipo no es un acto consciente o deliberado, sino que esos pensamientos y percepciones más bien pasan por la mente de una persona de una manera muy «automática». Normalmente no somos conscientes de este proceso y por lo tanto está fuera del control consciente. También es un proceso que puede ocurrir independientemente de nuestro nivel intelectual; incluso personas de inteligencia superior pueden ser víctimas de este tipo de pensamiento negativo. ¡No tiene nada que ver con ser «inteligente» o «estúpido»!

El aspecto esperanzador, sin embargo, es que es totalmente posible aprender algunas técnicas sistemáticas que pueden detener la destrucción de forma eficaz. Vamos a ver cómo.

12

Cambiar tu pensamiento negativo

El simple hecho de ser consciente de que el pensamiento negativo provoca la depresión no es suficiente para detener el proceso. Será importante tomar algunas medidas específicas que te permitirán combatir el problema de un modo activo. El primer paso será tomar conciencia de esos momentos en los que las distorsiones cognitivas están ocurriendo. Comencemos enumerando y describiendo los tipos más comunes de distorsiones cognitivas que causan depresión (gran parte de este material se basa en el trabajo del doctor Aaron Beck, 1979; y el doctor David Burns, 1980).

Tipos de distorsiones cognitivas

- *Predicciones negativas.* Es la tendencia a hacer predicciones altamente negativas y pesimistas sobre el futuro, para las cuales no existe evidencia. Algunos ejemplos pueden ser:

  ☞ Un hombre soltero le pide una cita a una mujer y ésta le rechaza. Él piensa: «Nunca voy a encontrar a alguien que quiera estar conmigo».

☞ Una mujer deprimida piensa: «Llevo meses deprimida. Nunca voy a superar esto…, nada me sacará de esta depresión».

En ambos ejemplos, el resultado es una mayor sensación de desesperación y desesperanza.

- **Pensamiento polarizado.** Es la tendencia a sacar grandes conclusiones y demasiado generalizadas sobre uno mismo o la realidad. Algunos ejemplos pueden ser:

  ☞ Una mujer acaba de entregar un informe en el trabajo y su jefe lo ha criticado. Ella concluye: «No sé hacer nada bien». La realidad es que ella hace muchas cosas bien. De hecho, durante la semana pasada completó otros cinco informes que estaban bien hechos, pero ella se centra en la crítica actual y saca una conclusión inexacta y más generalizada: «No sé hacer nada bien».
  ☞ Un hombre recién divorciado pasa un viernes por la noche solo en casa. Esperaba recibir la llamada de algún amigo, pero ninguno llamó. Y concluye: «A nadie le importo un carajo». La realidad puede ser que él tenga, de hecho, amigos y familiares que se preocupan mucho por él, pero no le llamaron esa noche.

- **Sacar conclusiones precipitadas.** Es la tendencia a sacar las peores conclusiones en ausencia de pruebas sustanciales. Un ejemplo:

  ☞ Un hombre solicita un trabajo y le dicen: «Le llamaremos el lunes si usted consigue el trabajo». El lunes al mediodía no ha tenido noticias y concluye: «Sé que no he conseguido el trabajo».

- **Visión de túnel.** Es la tendencia común cuando uno está deprimido de centrarse selectivamente en los detalles negativos, de hacer hincapié en ellos y no prestar atención a los aspectos positivos de una situación o de uno mismo. Un ejemplo:

☞ Un hombre de mediana edad pasa por delante de un espejo y percibe su barriga. Él piensa: «Doy asco. No me extraña que ninguna mujer esté interesada en mí». El hecho de que tenga un poco de sobrepeso puede ser cierto, pero es en lo que se centra de manera exclusiva en ese momento delante del espejo. Él se ve repugnante. Puede ser perfectamente un hombre amable y sensible.

- *Personalización.* Es la tendencia a asumir que si algo sale mal, *tú* tienes la culpa; una suposición que puede no ser exacta. Ejemplo:

☞ Cuando un hombre llega al trabajo, dice «hola» a su jefe. El jefe asiente con la cabeza, pero no dice nada. El hombre llega a la conclusión: «Vaya, debe de estar enfadado conmigo». Esto puede o no ser una conclusión exacta. Si no lo comprueba con su jefe, puede preocuparse innecesariamente. Es una posibilidad que su jefe esté preocupado o molesto por una pelea que tuvo con su esposa. Hay muchas explicaciones alternativas posibles. La cuestión es que no podemos leer la mente del otro, y existe una fuerte tendencia entre las personas que se sienten deprimidas a reaccionar de forma exagerada y personalizar, especialmente cuando temen la crítica o el rechazo.

- *Afirmaciones «debería».* Es la tendencia a insistir en que las cosas deben ser de cierta manera. Las afirmaciones pueden estar dirigidas hacia ti mismo, hacia los demás o hacia la realidad. Estas afirmaciones se pueden reconocer por el uso de palabras tales como: *debería, no debería, deber* y *tener que.* Algunos ejemplos pueden ser:

☞ «¡Tengo que hacer una tarea excepcional en el trabajo o me sentiré muy mal!».

☞ «¡Mi mujer debería saber cómo me siento, llevamos casados veinte años!».

☞ «No debería haberme dejado. Me porté muy bien con él. ¡Le di toda mi vida!».

En todos los casos hay una insistencia en que las cosas sean de cierta manera. Estas afirmaciones siempre tienen el efecto de la intensificar las emociones dolorosas; nunca reducen el sufrimiento ni cambian las situaciones.

Figura 12-A

Distorsiones cognitivas comunes

1. Predicciones negativas
2. Pensamiento polarizado
3. Sacar conclusiones precipitadas
4. Visión de túnel
5. Personalización
6. Afirmaciones «debería»

Cada una de estas distorsiones cognitivas comparte dos cosas en común con las demás: distorsionan de alguna manera la propia visión de la realidad (lo que resulta en una pérdida de perspectiva y puntos de vista muy negativos y pesimistas de uno mismo, de las situaciones actuales y del futuro), y cada distorsión cognitiva tiene el efecto de intensificar el dolor emocional. Si no se reconocen ni respondemos a ellas, tales distorsiones en el pensamiento se traducirán en un proceso depresivo destructivo continuo. Es muy importante interrumpir este proceso. El primer paso es reconocer tales distorsiones mientras se producen. Un problema importante con las distorsiones cognitivas es que suceden muy a menudo a un nivel inconsciente. Para romper la calidad «automática» de las distorsiones cognitivas, primero debes darte cuenta de cuándo se producen.

Incluso si tuvieras que dejar de leer este libro en este momento, ya sabrías más acerca de los tipos de distorsiones cognitivas que probablemente experimentas. Eso por sí solo ayudaría, ya que es probable que ahora te sorprendas a ti mismo más a menudo cuando cometas estos errores. Sin embargo, si sigues leyendo, aprenderás algunos enfoques que pueden ayudar a romper este proceso destructivo de manera más efectiva.

Tomar conciencia de tus distorsiones cognitivas

Muchas veces las personas no son conscientes del pensamiento interior que se produce en momentos de dolor emocional. Lo que *sí* perciben es el sentimiento. Un método importante y eficaz de tomar conciencia de las cogniciones implica el uso de sentimientos como señales o impulsos. Éste es un paso que puedes poner en práctica la próxima vez que notes un sentimiento desagradable. Tan pronto como percibas un sentimiento de ese tipo, por ejemplo, tristeza o frustración, utiliza esa emoción para hacerte saber: «Vale, algo está pasando en mi mente». Luego hazte una o más de las siguientes preguntas:

- «¿Qué está pasando por mi mente en este momento?».
- «¿Qué estoy pensando?».
- «¿Qué me estoy diciendo a mí mismo?».
- «¿Qué estoy percibiendo de la situación que dio origen a este sentimiento?».

¿Recuerdas el ejemplo de llegar al aeropuerto en el capítulo 11? Una persona puede comenzar a sentirse muy ansiosa e inquieta. Podría decirse a sí misma: «Estoy muy nervioso. Mis amigos aún no están aquí para recogerme. ¿Qué estoy pensando? ¿Qué está pasando por mi mente? Bueno, estoy pensando que no van a venir y que tal vez hayan tenido un accidente de tráfico».

Éste es un paso muy importante. Es bastante simple, pero suele requerir una práctica considerable. Es difícil, si no imposible, cambiar los sentimientos directamente, pero puedes alterar de manera muy eficaz tus cogniciones con la práctica. Para ello, el primer paso es tener estos pensamientos y percepciones claros en tu mente.

Recuerda, para tomar conciencia es necesario: percibir un sentimiento, sintonizar con los pensamientos, hacer las preguntas y encontrar el pensamiento detrás del sentimiento.

Desafiando tu distorsión

La manera más eficaz para modificar directamente las cogniciones maladaptativas es coger una hoja de papel y trazar una línea vertical por el medio. Después pregúntate: «¿Qué está pasando por mi mente?». Anota todos tus pensamientos, palabra por palabra, en el lado izquierdo de la hoja. Los doctores Burns, Aaron Beck y otros terapeutas cognitivos han denominado a estos pensamientos/percepciones iniciales «pensamientos automáticos», debido a que fluyen a través de nuestra mente de manera tan rápida que parecen automáticos.

El siguiente paso es repasar los pensamientos y hacerse estas preguntas: «¿Suena como una distorsión cognitiva?» y «¿Es este pensamiento exacto y realista?». En el ejemplo del aeropuerto (capítulo 11) la persona anota el pensamiento y piensa: «Parece que estoy sacando conclusiones precipitadas. Es una conclusión amplia que no se basa en los hechos».

El siguiente paso es desafiar el pensamiento. Tu objetivo es hacer un esfuerzo para evaluar situaciones o a ti mismo de una manera realista, teniendo en cuenta que el objetivo final detrás de desafiar a las cogniciones es reducir el dolor emocional excesivo o innecesario.

Quiero hacer hincapié en que tu objetivo *no* es pasar por alto o endulzar tus percepciones de la realidad. Es importante encarar de frente a la realidad, incluso los acontecimientos dolorosos.

En esta situación, podrías decirte a ti mismo: «Parece que estoy sacando conclusiones precipitadas. ¿Cuáles son los hechos? Sé que se retrasan. No sé por qué. Hay muchas razones posibles por las que llegan tarde. Es posible que hayan tenido un accidente, pero no lo sé a ciencia cierta». A continuación, escribe una respuesta más realista y racional en la columna de la derecha de la hoja (figura 12-B).

Figura 12-B

Pensamiento automático	Respuesta realista
«No van a venir..., quizá hayan tenido un accidente de tráfico grave...». (Sacar conclusiones precipitadas).	«No hay ningún modo de saber si ha habido un accidente..., hay muchas razones por las que podrían llegar tarde».

¿Puedes hacer esto en tu mente? Por supuesto, pero quiero hacer hincapié en que escribirlo es *mucho más* eficaz. Hace que el proceso sea más concreto y consciente.

Hay una pauta general para las distorsiones difíciles, que es preguntar: «¿Cuán realista es mi forma de pensar?». Identifica los hechos reales, compara tus ideas con la realidad y formula un nuevo pensamiento, más realista.

Aquí hay algunas maneras más específicas para enfrentar las distorsiones cognitivas:

- *Predicciones negativas.* Recuerda que no puedes predecir el futuro, que las predicciones negativas son rara vez precisas y siempre originan un aumento de los sentimientos depresivos. También pregúntate: «¿Dónde está la evidencia? ¿Qué me hace pensar que esto va a suceder?».
- *Pensamiento polarizado.* Desafía directamente la afirmación de todo o nada, por ejemplo: «No sé hacer nada bien». «¿Eso es absolutamente cierto? ¿No sé hacer nada bien?». Después céntrate en el problema o error específico y reconócelo.
- *Sacar conclusiones precipitadas.* Pregunta: «¿Dónde está la evidencia? ¿Cómo sé que esto es absolutamente cierto?».

- **Visión de túnel.** Recuérdate a ti mismo: «Tengo que observar toda la situación, no sólo ciertos detalles».
- **Personalización.** Recuerda que es habitual personalizar cuando uno se siente deprimido, pero que muchas veces las reacciones de los demás pueden no deberse a ti. «Puede haber otras explicaciones y desde luego no puedo leer la mente de los demás».
- **Afirmaciones «debería».** La mejor manera de desafiarlas es reconocer que suceden cosas desagradables, pero esto no quiere decir que deba o no deba pasar. Es más adaptativo y menos doloroso reformular tu afirmación en términos de lo que quieres o no quieres.

La figura 12-C ofrece una serie de ejemplos de distorsiones cognitivas comunes, y los resultantes «pensamientos automáticos». Observa cómo podrías enfrentar estas diversas distorsiones y los ejemplos de respuestas más realistas.

Figura 12-C

Pensamientos automáticos	Respuestas realistas
1. «Nunca voy a encontrar a nadie que quiera estar conmigo». (Predicción negativa).	1. «No puedo ver el futuro. Todo lo que sé es que *esa* mujer no quería salir conmigo y me siento decepcionado».
2. «Llevo meses deprimida. Nunca voy a superar esto..., nada me sacará de esta depresión». (Predicción negativa).	2. «No lo sé a ciencia cierta. No tengo ninguna prueba de que nunca estaré mejor».
3. «No sé hacer nada bien». (Pensamiento polarizado).	3. «Eso no es cierto. Hay muchas cosas que hago bien. El hecho es que mi jefe criticó *este* informe».
4. «A nadie le importo un carajo». (Pensamiento polarizado).	4. «¿Es eso cierto? El hecho es que yo quería recibir una llamada de un amigo y nadie me llamó. Pero ¿significa eso que no le importo a *nadie?* Sé que tengo gente en mi vida que se preocupa por mí».

5. «Sé que no he conseguido el trabajo». (Sacar conclusiones precipitadas).

5. «Espera un momento. ¿Cómo lo *sé?* No puedo leer la mente de los demás. Me importa mucho conseguir este trabajo, pero no voy a sacar conclusiones precipitadas».

6. «Doy asco. No me extraña que ninguna mujer esté interesada en mí». (Visión de túnel, sacar conclusiones precipitadas).

6. «Tal vez sea cierto que he aumentado de peso y tal vez es cierto que los kilos de más no son atractivos, pero hay mucho más en mí que una barriga. Soy un buen tipo que se preocupa de los demás. Soy un gran trabajador y un buen proveedor. Sólo me duele concentrarme en mis debilidades. Tengo que recordarme a mí mismo apreciarme en conjunto».

7. «Debe de estar enfadado conmigo» (Personalización y sacar conclusiones precipitadas).

7. «Tal vez está enojado conmigo, pero puede haber otras razones por las que actuó de esa manera».

8. «*Tengo que* hacer una tarea excepcional en el trabajo». (Afirmación «debería»).

8. «Quiero hacer un buen trabajo».

9. «Mi mujer debería saber cómo me siento». (Afirmación «debería»).

9. «Quiero que lo entienda, pero no puede leer mi mente».

10. «¡No debería haberme dejado!». (Afirmación «debería»).

10. «No quería que se fuera y me siento triste y enfadada porque lo hizo».

«La otra mujer...»

Examinemos otro ejemplo de cómo las distorsiones cognitivas son contraproducentes. Echa un vistazo a dos mujeres que han experimentado la misma situación dolorosa: después de veinticinco años de matrimonio, sus maridos las acaban de abandonar por mujeres más jóvenes. Seamos francos acerca de esto. En cualquier circunstancia (independientemente de lo realista que sea tu pensamiento) esto es muy doloroso. Sin embargo, frente a esta pérdida, cada mujer tiene una opción acerca de cómo percibir su situación y a ella misma.

KATHY:
Pensamientos y percepciones

Kathy suele pensar: «Amaba mucho a mi esposo» (afirmación de los sentimientos). «No debería haberme dejado. Le di mi vida entera» (afirmación «debería»). «Obviamente, no tengo lo que se necesita para complacer a un hombre» (pensamiento polarizado). «Probablemente hace años que no me desea» (sacar conclusiones precipitadas). «Voy a estar sola el resto de mi vida... Nadie va a querer estar conmigo» (predicciones negativas). «Él no se preocupa por mí» (posiblemente cierto). «Estoy segura de que nadie más lo hace» (pensamiento polarizado). «Me siento tan mal..., nunca superaré esta tristeza» (predicción negativa).

BETTY:
Pensamientos y percepciones

Betty a menudo piensa: «Yo amaba mucho a mi marido, me siento muy triste porque me ha dejado» (una afirmación de sentimientos, no hay distorsiones cognitivas)... «No estoy segura de por qué me dejó... Puede ser un proceso muy duro..., probablemente voy a estar sola mucho tiempo..., voy a tener que pensar en cómo puedo manejar la soledad» (algunas predicciones realistas y comienza a hacer planes para afrontar la situación). «No sé lo que me depara el futuro. Sé que soy una buena persona y he sido capaz de hacer amigos en el pasado. Estoy segura de que lo haré de nuevo en algún momento en el futuro... Es humano sentirse triste..., está bien llorar».

KATHY:
Los resultados

1. Tristeza intensa.

2. Erosión en los sentimientos de autoestima y el amor propio. Kathy se ha convencido a sí misma de que es tan incompetente que es poco probable que intente acercarse a los demás. Esto puede desarrollar un mayor aislamiento de otras personas.

BETTY:
Los resultados

1. Una gran tristeza y, posiblemente, ira hacia su marido. Betty se permite llorar y apenarse por su pérdida.
2. Betty mantiene su sentido de autoestima.

114

3. Pesimismo y desesperanza sobre el futuro.

3. Para Betty, el futuro es incierto, pero no es sombrío. Una mujer que estaba en terapia conmigo, que se ajusta a la descripción de Betty, una vez dijo: «No creo que nadie vaya a llenar el lugar en mi corazón donde mi marido estuvo durante veinticinco años…, pero gracias a Dios he sido capaz de darme cuenta de que tengo otras personas que se preocupan por mí».

4. Kathy niega o minimiza otras relaciones que pueda tener en su vida. Digamos que ella, de hecho, tiene una serie de buenos amigos, varios hijos y una hermana que se preocupa por ella. ¿El tener a estas otras personas en su vida borra el dolor de la pérdida de su marido? Por supuesto que no, pero en un momento de tristeza y pérdida las conexiones ayudan.

4. Betty mantiene el contacto con amigos y familiares, quienes la apoyan en su dolor.

Betty seguramente tendrá momentos en los que sienta una oleada de tristeza y pérdida. Llorará y se sentirá sola. Pero también se recuperará. Kathy también ha sufrido una pérdida dolorosa, pero sigue menospreciándose a sí misma, se deja inundar por el pesimismo y se ha aislado cada vez más. Ésta es una depresión autoinducida. Ella no necesita ni merece este dolor adicional.

Echemos un vistazo a cómo Kathy podría empezar a luchar contra la avalancha de distorsiones cognitivas. Primero, debe decidir: «Siento mucho dolor a causa de mi pérdida…, no me voy a permitir sufrir más de lo necesario». Ella puede comenzar a enfrentar su pensamiento negativo con frecuencia. Siempre que sea posible, tan pronto como se dé cuenta de una sensación desagradable, puede tomarse un momento y anotar tanto los pensamientos automáticos como una respuesta realista. Si no puede hacerlo en ese momento, puede hacerlo más tarde durante el día, tomándose entre diez y quince minutos al final del día para repasar los acontecimientos del día y sus pensamientos. La figura 12-D resume el proceso.

Figura 12-D

Pensamientos automáticos	Respuestas realistas
1. «Amaba mucho a mi marido».	1. «Esto es exacto y verdadero».
2. «No debería haberme dejado».	2. «No es una cuestión de si debería haberlo hecho o no, lo cierto es que lo hizo y yo no quería que lo hiciera».
3. «Obviamente, no tengo lo que se necesita para complacer a un hombre».	3. «¡No es obvio! Por alguna razón me dejó, pero realmente no sé por qué. Tal vez no era feliz conmigo, pero si es así, él es sólo un hombre. ¿Dónde está la prueba de que no tengo lo que se necesita para interesar a otros hombres?».
4. «Probablemente hace años que no me desea».	4. «No sé si se trata de un hecho, no puedo leer su mente».
5. «Voy a estar sola el resto de mi vida».	5. «¿Dónde está la evidencia? No puedo predecir el futuro. No estoy totalmente sola y no sé lo que me depara el futuro».
6. «Él no se preocupa por mí».	6. «Esto es probablemente cierto».
7. «Estoy segura de que nadie más se preocupa por mí».	7. «¿Es esto absolutamente cierto? No. El hecho es que una serie de personas se preocupan por mí».
8. «Me siento tan mal…, nunca superaré esta tristeza».	8. «No tengo forma de saber cómo me sentiré en el futuro. Sólo me va a doler predecir tristeza y desesperanza. Lo único que sé con certeza es cómo me siento en este momento».

Pasar por el proceso de escribir y analizar sus reacciones negativas, con toda probabilidad, ayudará a Kathy a sentirse un poco mejor en pocos minutos. A menudo mis pacientes me han dicho: «Cuando terminé de escribir las respuestas realistas, me sentí menos disgustado. La situación no parecía tan desesperada o abrumadora. Me hizo sentir bien hacer algo para ayudar a sentirme mejor…, pero el hecho es que todavía me sentía triste, no *tan* triste, pero triste».

La realidad es que las pérdidas son dolorosas. Las personas se preocupan mucho por las relaciones cercanas y los corazones rotos no sanan con rapidez. La clave, sin embargo, es que Kathy será capaz de aliviar su dolor y notará una cierta mejoría en su estado de ánimo casi inmediatamente. Pero enfrentar sus reacciones negativas sólo una vez no será suficiente. Puede que tenga que volver a esas mismas cogniciones cada día durante unas semanas, machacarlas una y otra vez, enfrentarlas y corregirlas. Poco a poco este proceso puede poner fin a la depresión causada por estas ideas distorsionadas. Para la mayoría de las personas que deciden desafiar implacablemente tales distorsiones de forma cotidiana, consiguen que muchos de los síntomas depresivos se desplomen en cuestión de unas pocas semanas.

Encontrar el equilibrio en un mundo negativo

Como se mencionó anteriormente, un aspecto común de pensamiento distorsionado que se produce en casi todas las personas con depresión es una incapacidad para percibir de verdad los aspectos positivos de la vida cotidiana. Consideremos el siguiente ejemplo: dos hombres que experimentan los mismos eventos exactos han decidido llevar a su hijo a ver una película una tarde de sábado. De camino al cine hay un atasco de tráfico y empiezan a retrasarse. En la sala de cine tienen dificultades para encontrar una plaza de aparcamiento, lo que provoca más retraso. Finalmente llegan a la taquilla sólo para descubrir que todas las entradas se han vendido y que no pueden ver la película.

¿Quién no se sentiría frustrado o decepcionado? Vamos a ver cómo se percibe esto a través de los ojos de Bill y de Matt.

- Pensamientos de Matt: «*No puedo creer que esto esté sucediendo. La única vez que trato de hacer algo bueno por mi hijo y primero es el tráfico y ahora no podemos ver la película. Nos ha estropeado todo día..., ¡no puedo creer lo enfadado que estoy!*».
- Pensamientos de Bill: «*Esto es realmente decepcionante, pero no dejes que esto te arruine por completo todo el día. Es verdad que nos hemos perdido la película, pero tengo tiempo con mi hijo..., déjame pensar..., hace un día bonito. Tal vez podamos ir a jugar al minigolf en vez de al cine*».

Bill estaba disgustado y decepcionado, claro. Pero también fue capaz de dar un paso atrás y salir de sus emociones por un momento, ganar perspectiva, reconocer al menos dos cosas buenas (estoy aquí con mi hijo y hace un día bonito) y luego se implicó en una resolución de problemas activa. Esto ayudó a su estado de ánimo y salvó el día.

La depresión a menudo causa una marcada pérdida de perspectiva. Las personas se dejan consumir por las emociones del momento, sólo se centran en lo negativo y caen en una espiral cuesta abajo.

Una vez más debo hacer hincapié en que el enfoque propuesto no es una estrategia simple o poco realista de «mirar el lado bueno de la vida». Se empieza reconociendo con honestidad la verdad de la situación y las respuestas emocionales de uno a ésta. Pero entonces se avanza centrándose en dos preguntas:

- Teniendo en cuenta lo que está pasando, ¿qué puedo reconocer también como positivo?
- ¿Qué otras opiniones puedo considerar que podrían marcar una diferencia?

La realidad es el camino hacia la curación

La mejor manera de salir es a través de ello.
ROBERT FROST

A menudo, mientras he trabajado con personas que sufren de depresión, he oído decir: «No sé lo que me pasa..., no debería sentirme tan mal». La persona sufre, pero también trata de negar el dolor. Muchas veces el punto de inflexión en la terapia es detener la negación y enfrentar la realidad de la pérdida. Una mujer que perdió a su hija en un accidente de coche no dejaba de decir: «Llorar no me ayuda. Se ha ido. Tengo que ser fuerte y seguir adelante con mi vida». Un día cayó en la cuenta de lo que estaba diciendo. Me dijo: «¡Por supuesto que estoy triste! *He perdido a mi niña.* ¿Cómo se supone que se tiene que sentir una madre?». Empezó a llorar. Esto no es una distorsión cognitiva, es dolor sincero.

No hay nada más humano que llorar si has perdido a un ser querido; nada más natural que sentir decepción si has fracasado en alguna tarea importante, y nada más comprensible que enfadarte si alguien te hace daño o te utiliza. La expresión abierta de los sentimientos, cuando no está empañada por distorsiones cognitivas, no sólo es natural y humana, sino que también es enormemente importante. El duelo y los sentimientos honestos, aunque a veces resultan muy dolorosos, promueven la curación emocional final.

La elección de luchar contra la depresión *enfrentando las distorsiones cognitivas* y, al mismo tiempo, *dándote permiso para tener y expresar sentimientos humanos* son opciones que pueden conducir a la recuperación emocional de la depresión. *Existe* una esperanza realista.

13

Más enfoques de autoayuda

Las diversas técnicas que se describen en este capítulo, aunque por lo general no son tan poderosas como los procedimientos cognitivos descritos en el capítulo 12, pueden ser útiles en tu batalla contra la depresión a diario. Puede que encuentres que una o más te dará fuerza adicional para ayudar a combatir tu depresión.

Diario de actividades positivas

Annie es una mujer de treinta y cinco años que vino a verme quejándose de depresión: «No consigo lograr nada. Estoy en casa todo el día con los niños. Cuando mi marido llega a casa, la casa está hecha un desastre. Miro mi casa y pienso, ¿qué me pasa? Ni siquiera trabajo. Sólo soy un ama de casa y no puedo hacer nada. ¡Siento que toda mi vida está descontrolada!». Annie tiene tres hijos de uno, dos y cuatro años. Me resultaba difícil creer sus afirmaciones: «Ni siquiera trabajo y no puedo hacer nada». Se consideraba una madre y ama de casa insuficiente, «que no hace nada productivo».

Le pedí a Annie que empezara a llevar un *diario de actividades,* al menos por un día. Le pedí que escribiera *todo* lo que hiciera, incluso pequeñas cosas como recoger un juguete o dar una bebida a uno de sus hijos. En nuestra siguiente reunión, trajo un pequeño cuaderno con muchas páginas llenas. Dijo: «No puedo creerlo. Mientras lo anotaba todo, me di cuenta. Estoy continuamente ocupada desde la mañana hasta la noche Tal vez mi casa parezca un desastre, pero por lo menos sé que me estoy dejando la piel. *Estoy* haciendo muchas cosas cada día».

Muchas personas, especialmente si se sienten deprimidas, tienden a pasar por alto o minimizar sus logros. Tales personas pueden llegar al final del día y concluir: «Ha sido un día malgastado, no he conseguido hacer nada». Esta percepción incrementa los sentimientos de baja autoestima. Un diario de actividades puede ayudar a presentar una visión más realista de los acontecimientos.

Hay dos maneras de las que puedes hacerlo. En primer lugar, utiliza el enfoque que Annie utilizó: anota cada actividad. Lleva un poco de tiempo y para la mayoría de nosotros no es práctico hacerlo de un modo regular. Pero hacerlo por un día o dos puede ser útil, como lo fue para Annie. Un enfoque más práctico para el uso diario es registrar los principales acontecimientos de cada día en un pequeño cuaderno. Registra los siguientes tipos de eventos en particular: *tareas finalizadas* (o los progresos realizados hacia la finalización); *eventos positivos,* como recibir un cumplido, tener un buen almuerzo con un amigo, recibir una carta, sentirse bien por un trabajo bien hecho; y *experiencias de dominio,* como por ejemplo: te sentías triste, te tomaste un par de minutos, utilizaste la técnica «de dos columnas» (Figuras 12-B, 12-C, 12-D) y te sentiste un poco mejor. Podrías escribir en el cuaderno: «Fui capaz de salir de un estado de ánimo de tristeza».

Este proceso funciona mejor si lo simplificas. Lo mejor es anotar sólo comentarios muy breves de entre tres y cinco palabras. Después, revisa la lista al final del día. Incluso las personas muy deprimidas que se sienten como si no lograran nada en absoluto en un día se suelen sorprender al descubrir que en realidad han hecho muchas cosas o experimentado algunos momentos de placer. Este enfoque es muy fácil de poner en práctica y puede dar resultados inmediatos. Es una forma importante de contrarrestar ciertas distorsiones cognitivas, especialmente la visión de túnel o el pensamiento polarizado.

Gráfica de valoración del estado anímico

Las personas que están deprimidas generalmente miran hacia atrás durante un período de tiempo y recuerdan sobre todo los sentimientos y acontecimientos negativos. Tienden a concluir: «He tenido una semana terrible. Todo me salió mal. Toda la semana ha sido terrible». Este tipo de memoria, que acentúa las experiencias desagradables, en realidad puede empeorar la depresión. Creer que en tu vida no sucede nada positivo o que siempre estás muy deprimido puede dar como resultado un incremento de sentimientos de desesperanza y pesimismo. El hecho es que *incluso las personas muy deprimidas no están 100 por 100 deprimidas todo el tiempo.* Incluso durante un período de depresión significativa, las personas experimentan altibajos. El estado anímico de una persona casi nunca es completamente estable. Es importante y útil tener una percepción exacta y realista de los estados de ánimo de uno y ser capaces de monitorizar los cambios en el estado anímico durante un período de tiempo. Una manera eficaz de lograrlo es el uso de una gráfica de valoración del estado anímico *diario.* Numerosos estudios han demostrado que simplemente hacer un seguimiento y valorar el estado anímico de uno a diario tiene el efecto de disminuir la depresión. A primera vista esto puede parecer absurdo, pero echemos un vistazo a este enfoque y entendamos cómo nos puede ayudar hacer el seguimiento.

El uso de una gráfica de valoración del estado anímico es simple. Echa un vistazo a la gráfica de ejemplo, la figura 13-A (no dudes en hacer copias de esta gráfica para tu uso personal). Coloca una copia de la gráfica en tu mesita de noche y todas las noches tómate unos minutos para revisar el día. Pregúntate a ti mismo: «En general, ¿cómo me he sentido hoy?» y luego evalúa tus sentimientos en una escala entre más 7 (día muy feliz) y menos 7 (día muy infeliz). La mayoría de las personas se darán cuenta de que hay una buena cantidad de cambios en el estado anímico de un día a otro.

¿Cómo nos puede ayudar esto? Veamos un ejemplo en la página 126.

Daniel es un profesor de universidad de cuarenta y dos años que ha estado experimentando dolorosos y debilitantes síntomas depresivos durante el mes pasado. La primera vez que lo vi, me dijo: «Todos los días me siento paralizado por la depresión. No tengo energía, ni motivación, ni felicidad». Durante la siguiente semana completó una gráfica de valoración del estado anímico todos los días y lo llevó a la siguiente sesión (véase la figura 13-B). Al observar esta gráfica, comentó: «Hubo varios días en que me sentí muy deprimido, pero ahora mirando hacia atrás durante la semana, hubo un par de días que no fueron terribles y la mayor parte del tiempo no estaba por los suelos». Esta gráfica le resultó útil de dos maneras. En primer lugar, le ayudó a recordar con mayor precisión y de manera realista cómo se sentía. Pronto se dio cuenta de que su depresión, aunque sin duda una experiencia dolorosa, no era 100 por 100 generalizada. Este reconocimiento ayudó a inspirar esperanza, y le dio la sensación de que no era tan impotente. En segundo lugar, fue capaz de utilizar la gráfica durante un período de dos meses para supervisar su recuperación de la depresión. Después de ocho semanas de tratamiento, dijo: «He estado notando que poco a poco, durante las últimas semanas, tengo cada vez más días buenos. Todavía me puedo desanimar o tener un día horrible, pero definitivamente hay una tendencia positiva. Me siento mejor».

Es importante tener algún tipo de criterio para medir el cambio y la recuperación. La lista de verificación de la depresión (capítulo 4) es extremadamente útil y se puede utilizar cada semana o dos para hacer un seguimiento de la mejoría. Sin embargo, la gráfica del estado anímico diario ofrece un medio para observar los cambios en tu estado emocional con más frecuencia y es más fácil de leer. Como experimentó Daniel, la recuperación de la depresión no significa que en algún

Figura 13-A

Gráfica de valoración del estado anímico diario

Fecha de inicio: _____

Días	1	2	3	4	5	6	7	8	9	10	11	12	13	14	15	16	17	18	19	20	21	22	23	24	25	26	27	28
+7																												
+6																												
+5																												
+4																												
+3																												
+2																												
+1																												
0																												
-1																												
-2																												
-3																												
-4																												
-5																												
-6																												
-7																												

Valoración del estado anímico

+7 El mejor día de mi vida   0 Neutro   -7 Sin duda, el peor día de mi vida

Figura 13-B

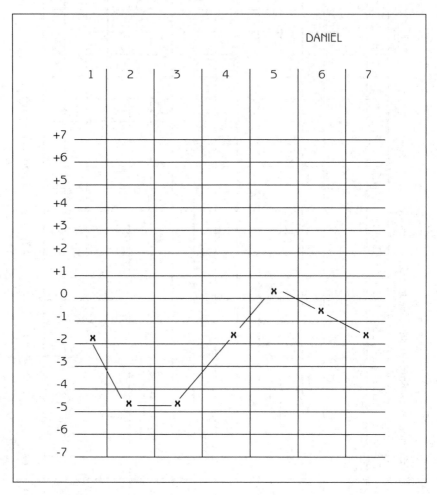

momento no haya días malos. La mayoría de las personas no deprimidas tienen días ocasionales en que experimentan un estado de ánimo bajo o triste. Sin embargo, lo que se busca en la recuperación es que poco a poco los días buenos lleguen a pesar más que los malos.

Mantenerse activo y evitar el «ciclo de la apatía»

Cuando las personas experimentan dolor o depresión, una reacción común es aislarse. Los individuos que atraviesan un duelo o que están deprimidos suelen limitar sus actividades sociales y recreativas, retirarse de la participación significativa con los demás y desconectar físicamente. Una parte de esta reacción es probablemente un deseo natural de estar a solas con el propio dolor. A menudo es difícil o embarazoso estar con otros en momentos de angustia. A veces aislarse es apropiado y normal; sin embargo, un aislamiento marcado o prolongado puede sentar las bases para muchos de los problemas que tienden a empeorar la depresión. El aislamiento social y la inactividad casi siempre hacen empeorar la depresión de diversas maneras. A menudo he observado una secuencia de eventos que yo llamo el «ciclo de la apatía». Si empiezas a evitar a la gente, la gente responderá evitándote a ti. Tus amigos y familiares pueden comenzar a pensar: «Lo único que quiere es que lo dejen solo». El resultado puede ser un creciente aislamiento social. La mayoría de las personas internamente quieren y necesitan el apoyo y el contacto con los demás. Sin embargo, el aislamiento social puede aumentar la sensación de alienación, tristeza y soledad. Un segundo resultado es que el aislamiento y la inactividad dejan a la persona cada vez más alejada de experiencias positivas.

Algunos psicólogos creen que la depresión es causada por una reducción en la cantidad de experiencias de vida agradables (Lewinsohn y Graf, 1973). En las primeras etapas de la depresión, la persona comienza a apartarse de la vida, tal vez continúa trabajando o hace otras tareas necesarias, pero permite de manera progresiva que la vida se vaya quedando vacía de actividades agradables y significativas. A medida que pasa esto, la persona deprimida comienza a notar una sensación emergente de vacío en la vida. Por último, la inactividad física puede causar problemas físicos. La actividad física es necesaria para estimular el tracto digestivo, y la inactividad marcada en realidad contribuye a disminuir la motilidad gástrica y al estreñimiento ocasional (un problema muy común de la depresión). Mientras que una cierta inactividad y descanso en las personas no deprimidas dan como resultado un aumento de la energía y el rejuvenecimiento, en la depresión tiene el efecto contrario. Dormir en exceso y la inactividad sólo opera para intensificar la sensación de fatiga. Como uno de mis pacientes, dijo: «Es como si estuviera sufriendo una crisis energética».

A menudo, el ciclo de la apatía es provocado por una creencia o conclusión. Hay tres conclusiones principales que pueden poner este proceso en marcha:

- *«La gente no quiere estar cerca de mí».* Por desgracia, a veces, esta creencia es verdadera. Suele ser difícil para los demás saber qué decir a una persona que está pasando por una depresión. Pero puede que la conclusión no sea totalmente objetiva; puede ser una distorsión cognitiva, y una profecía autorrealizada. Si uno cree que los demás no quieren estar cerca de él, se convierte en una decisión fácil para quedarse en casa y evitar el contacto.
- *«Si estoy alrededor de otros no tendré nada que decir. Voy a ser un aburrimiento».* Muchas personas deprimidas sienten que no tienen mucho que ofrecer. Una persona cuya capacidad de ser ingeniosa o participar en una animada conversación se ve afectada por la depresión puede predecir que los demás se darán cuenta de esto y no disfrutarán de su compañía.
- *«Me siento demasiado cansado».* La mayor parte del tiempo, la inactividad y el aislamiento visto en la depresión son el resultado de una marcada fatiga y baja energía. Uno puede saber, racionalmente, que salir de casa, llevar a cabo tareas o participar en una actividad

agradable ayudará a mejorar su estado de ánimo. Pero hay un momento crítico en el que se toma la decisión de actuar o de retirarse. En un momento así, la percepción de baja energía y fatiga conduce a esta persona a pensar: «Estoy muy cansado». Uno de mis pacientes, Dale, lo describió muy bien. «El sábado por la mañana, cuando no tengo que ir a trabajar, me levanto. En el fondo de mi mente sé que me sentiría mejor si pudiera hacer algo como limpiar mi casa o cortar el césped o ir a visitar a uno de mis amigos, pero me siento tan cansado y agotado. No tengo energía. Me dejo caer en el sofá y pienso: "¡Qué diablos!"; y termino abatido en casa todo el día. El sábado por la noche, me pongo a pensar que he perdido todo el día, y me siento aún peor».

Es muy importante que te movilices para mantenerte activo. Esto, sin embargo, puede ser más fácil decirlo que hacerlo. No puedo enfatizar lo suficiente cómo la depresión puede robarle a uno el sentido de la motivación, el entusiasmo y la energía de la vida. Muchas veces la fatiga profunda es mucho más que un estado de ánimo; es un verdadero síntoma físico. Entonces, ¿cómo puede alguien que está deprimido ponerse en movimiento?

La primera cosa importante a tener en cuenta es no esperar «hasta sentirse» motivado para hacer algo. Si esperas a sentirte motivado, dice el médico David Burns (1980), puedes estar esperando mucho tiempo. La mayoría de las personas piensan que si consigues empezar a ponerte en marcha, el movimiento en sí se traducirá en un aumento de energía. El problema, en cierto sentido, se va transformando cada vez más; es decir, ir más allá de ese sentimiento inicial de inercia. Hay un momento crítico o de tomar una decisión en que puedes pensar: «La gente no quiere estar cerca de mí», «No voy a ser capaz de lograr nada», «No va a ser divertido» o «Estoy demasiado agotado». Creerte estos pensamientos puede hacerte parar en seco.

Lo que es muy útil en este momento crítico es decirte a ti mismo: «*¡Hazlo!*». Puede ser de ayuda escribir estas palabras en una ficha o una tarjeta de visita, y en momentos de baja motivación o apatía, sacarla y leerla. Recuerda: «No tengo que sentirme motivado. Tan sólo empieza a moverte y parecerá más fácil». Incluso salir y caminar alrededor de tu casa una o dos veces puede energizarte y darte un impulso de energía suficiente para ayudarte a empezar.

Construir un sistema de apoyo

Una acción útil final que puedes llevar a cabo es contar con la ayuda de un amigo o familiar. Debe ser alguien de confianza. Podrías decirle: «He estado deprimido últimamente y una manera en que esto me ha afectado es que me estoy aislando. No salgo de casa. Sé que si me esfuerzo para salir y hacer cosas en el fin de semana me voy a sentir mejor, pero necesito tu ayuda». Un buen plan es decidir alguna actividad, por ejemplo, ir a dar una vuelta por el campo o ir al cine. Dile a tu amigo: «Sé que una vez que haya salido de casa me sentiré mejor, así que quiero pasar a verte el sábado mañana alrededor de las diez. Tú no tienes que hacer nada ni ir a ninguna parte conmigo. Sólo me gustaría pasar un minuto y verte». Cuando te hayas comprometido a este plan, es probable que sientas cierto grado de obligación hacia tu amigo o familiar. Esto ayuda. Algunos de mis pacientes me han dicho: «Saber que mi amigo está esperando me ayuda a darme un empujón para ponerme en marcha. Una vez que estoy vestido y en mi coche, salir empieza a parecer más fácil».

Las primeras veces que te empujes a hacer ciertas actividades puede no resultar fácil, ni especialmente divertido ni agradable. Pero hay que tener en cuenta que mantenerse activo es una fuerza potente que puede reducir los sentimientos depresivos. Dale, el hombre que mencioné antes, se marcó el objetivo de hacer algo productivo o divertido cada sábado y al menos una noche entre semana. Le resultaba más fácil si hacía planes con un amigo. Un compromiso hacía más difícil escabullirse. Después de unas semanas, me dijo: «Ahora, al final del día, miro hacia atrás y pienso: "He logrado algo de verdad" o "Me he puesto en acción y ha marcado una diferencia". Me siento mejor conmigo mismo. En lugar de esperar, con la esperanza de sentirme mejor, sé que he hecho algo y me siento mejor. Siento que estoy recuperando el control de mi vida». La energía y el impulso logrado mediante la participación en actividades placenteras es una poderosa fuerza para superar la depresión.

¿Cuándo debo consultar a un profesional de salud mental?

Los enfoques de autotratamiento básicos descritos anteriormente han demostrado ser enormemente útiles para muchas personas. Sin embargo, hay veces en que estos enfoques no son suficientes. Si estás experimentando cualquiera de los problemas que se enumeran a continuación, por favor, consulta a un terapeuta de salud mental (psiquiatra, psicólogo, consejero familiar o trabajador social clínico) tan pronto como sea posible. Es posible que tan sólo necesites una visita o evaluación, pero no lo pospongas:

- *Una sensación generalizada de desesperación o tristeza* sin ningún tipo de momentos en los que eres capaz de experimentar placer.
- *Trastornos severos en las relaciones personales.*
- *Incapacidad para trabajar.*
- *Ideas suicidas persistentes y fuertes,* o si tienes un plan de suicidio.
- *Síntomas biológicos* de depresión, tales como trastornos del sueño o pérdida sustancial de peso *(véase* capítulos 1 y 7).
- *Desesperanza o apatía profunda.*
- *Signos de trastorno bipolar* (por ejemplo, síntomas maníacos).

Algunas personas pueden sentirse tan desesperadas o apáticas que les resulta difícil empezar a utilizar técnicas y estrategias de autoayuda. En nuestra clínica muchas personas comienzan un tratamiento individual. A medida que empiezan a experimentar una cierta reducción en la depresión, comienzan a utilizar las técnicas cognitivas descritas en los capítulos 11, 12 y 13. A algunas personas también les resulta útil trabajar con un terapeuta o un grupo de terapia a medida que comienzan a utilizar estos enfoques. El tratamiento ambulatorio individual para la depresión generalmente implica reunirse con un terapeuta una vez a la semana. Incluso si estás en terapia, es probable que te des cuenta de que las técnicas cognitivas te dan las herramientas y estrategias para utilizar entre las sesiones y pueden promover una recuperación más rápida de la depresión.

Si estás deprimido, necesitas y mereces toda la ayuda que puedas obtener. Trabaja con los enfoques de autoayuda que se describen en este libro, y busca a un profesional que te proporcione apoyo adicional si lo necesitas. Hablamos más sobre esto en el próximo capítulo.

14

La psicoterapia y otros tratamientos profesionales

«¿Qué tipos de ayuda profesional hay disponibles y cómo puedo decidirme?».

Básicamente hay dos tipos de terapia que han demostrado ser útiles en el tratamiento de la depresión: tratamiento con medicación psiquiátrica y formas específicas de psicoterapia.

- *Medicación.* Cuando la depresión produce ciertos síntomas biológicos, es una señal de que una parte del problema implica un mal funcionamiento bioquímico. Puede que recuerdes del capítulo 2 que ciertos síntomas físicos son particularmente importantes: trastornos del sueño; alteraciones del apetito; pérdida del deseo sexual; fatiga y disminución de la energía; incapacidad para experimentar placer (anhedonia) y ataques severos de agitación o pánico.

  Ha habido avances importantes en los últimos años en el conocimiento de la biología de la depresión y los psiquiatras y médicos de familia están ahora mejor equipados para tratar la depresión con una serie de medicamentos antidepresivos nuevos. Si estás experimentando uno o más de los síntomas biológicos de la depresión que señalamos anteriormente (y discutimos en los capítulos 2 y 7), sería aconsejable consultar a un psiquiatra o una clínica donde esté disponible el tratamiento con medicación psiquiátrica (un psiquiatra es un médico con formación en el tratamiento de trastornos emocionales, entre los que se incluyen la psicofarmacología, el tratamiento con medicación). Otra opción es consultar a tu médico de cabecera. Muchos médicos de cabecera están formados para tratar la depresión con medicamentos antidepresivos (algunos no lo están. Asegúrate de que tu médico se toma su tiempo para hacerte una evaluación a fondo). Por favor, consulta también los capítulos 15 y 17 para una discusión completa del tratamiento con medicamentos para la depresión biológica.

- *Psicoterapia* (a veces denominada «terapia de conversación») a menudo puede ser muy útil en el tratamiento de la depresión. Generalmente este tratamiento lo ofrecen psiquiatras, psicólogos, trabajadores sociales y asesores autorizados (algunos clérigos están formados en consejería pastoral y pueden ser de ayuda). ¿Cómo puede ayudar la psicoterapia? En primer lugar, en la psicoterapia existe una relación estrecha y de apoyo entre el paciente y el terapeuta. Muchas veces, las personas deprimidas se sienten muy solas y alienadas. La sensación de apoyo, la conexión y el cuidado en una relación estrecha puede ayudar a que te sientas apoyado cuando atraviesas momentos muy difíciles. Sin embargo, el apoyo es sólo uno de los aspectos del tratamiento que pueden ser de utilidad.

Durante la psicoterapia, las personas son capaces de aprender más sobre sí mismas y descubrir patrones en sus vidas que a menudo podrían volver a exponerlas a la depresión. Brenda es una mujer soltera de veintiséis años que presenta sentimientos recurrentes de depresión. La mayoría de estos sentimientos han sido provocados por repetidas decepciones en las relaciones. Por dentro siente una gran necesidad de ser amada y cuidada por un hombre. Sin embargo, en las últimas tres relaciones ha elegido involucrarse con hombres que tienen problemas de desempleo y abuso crónico del alcohol. Ha entrado con optimismo en cada una de las relaciones, sólo para descubrir que después de varios meses ella termina manteniéndolos económicamente y ellos cubren pocas o ninguna de sus necesidades. En dos casos, los hombres han abusado físicamente de ella y cada relación ha terminado con una sensación de pérdida y decepción. En sus sesiones de psicoterapia, Brenda ha llegado a comprender que una de sus necesidades internas fuertes e importantes es sentirse amada, y que en cada relación había tenido la esperanza de que si «rescataba» a ese vagabundo, sería recompensada con su amor y gratitud. Ahora entiende que sus elecciones de hombres estaban condenadas desde el principio, ya que todos eran extremadamente egoístas y básicamente incapaces de expresar un verdadero acto de dar y recibir en una relación. Saber esto ha sido importante para Brenda, ya que puede ayudarle a tomar mejores decisiones acerca de las relaciones en el futuro y actúa como un factor potente en la prevención de las depresiones futuras.

Muchas veces las personas experimentan acontecimientos de la vida dolorosos, pero lidian con el dolor enterrando sentimientos. El esposo de Karen murió repentinamente hace dieciocho meses. Ella pensaba que llevaba bien su pérdida: «Por supuesto que estaba triste, pero más o menos lo superé en unos meses». Entró en la terapia con una depresión severa y no sabía por qué. Durante las primeras semanas de psicoterapia, a medida que esta mujer de treinta y dos años hablaba de su vida, adquiría cada vez más consciencia de su enorme dolor interior. Ella había pensado de manera consciente que había superado la muerte de su marido, pero el duelo bloqueado a menudo se convierte en depresión. Las cosas más importantes que sucedieron en la terapia para Karen fueron tomar conciencia de su permanente dolor interno y permitirse a sí misma abrirse y llorar. Después de ocho semanas de terapia, me dijo: «Sé que encerré mucha tristeza dentro de mí y la siento más ahora. Pero no estoy deprimida». Sus síntomas depresivos más severos remitieron. La comprensión de las causas ocultas de los sentimientos depresivos es una consecuencia importante en la psicoterapia.

La vida a menudo enfrenta a las personas con circunstancias difíciles: relaciones problemáticas, tensiones en el trabajo, problemas médicos graves, cualquier tipo de situaciones estresantes significativas. Como hemos hablado antes, mientras que el estrés por sí solo no conduce a sentimientos de depresión de un modo general, si uno empieza a sentir una sensación de impotencia y desamparo, la depresión a menudo puede desencadenarse.

Muchas personas han manifestado esta situación ante mí de esta manera: «Parece que haga lo que haga, simplemente no me ayuda. Empiezo a llegar a la cima sólo para sentirme derribado otra vez». Uno de los temas más importantes tratados en la psicoterapia es este estado de *indefensión* percibida.

Para muchas personas, simplemente poder *hablar* sobre el dolor y lucha, y sentirse escuchadas y comprendidas, es de gran ayuda. Puede que nos otorgue algo de poder decir: «Esto me está sucediendo a mí, me duele y lo odio». Más allá de esto, en muchas, si no en la mayoría de las psicoterapias, el paciente y el terapeuta en conjunto se centran en los *planes de acción,* el desarrollo de estrategias para la acción directa en la vida de uno para resolver los problemas actuales.

Pasar a la acción puede ser un paso duro de dar por tu cuenta, sobre todo si te sientes envuelto en la depresión. Sin embargo, muchas personas encuentran que los planes de acción en sus vidas, tal vez con la ayuda de un terapeuta, les devuelven el control y les ayuda a darles un sentimiento de confianza para manejar su vida de nuevo.

En otro nivel, una gran cantidad de personas llevan una vida que no está acorde con sus propias necesidades y valores internos. Muchos de nosotros vamos a la deriva en puestos de trabajo, estilos de vida o relaciones que en realidad no están en sintonía con nuestros verdaderos deseos o ambiciones. Esta situación puede pasar más o menos desapercibida durante años, contribuyendo a una creciente sensación de *malestar,* en la que la vida parece cada vez menos significativa y menos vital. Un aspecto importante de la terapia para un individuo de este tipo es llegar a ser capaz de descubrir la verdad de su *ser interior.* Tal autodescubrimiento, llegar a conocer en tu fuero interno lo que realmente quieres, deseas y necesitas para sentirte vivo, puede ser el resultado más valioso de un tratamiento de psicoterapia.

Loraine trabajó durante años como contable y muchas veces sabía que no era especialmente feliz con su trabajo; a pesar de que estaba «bien» en general. Sin embrago, a los cuarenta y tres años se sentía cada vez más deprimida y buscó psicoterapia. A medida que avanzaba en la terapia, empezó a escuchar su propia voz interior. Su terapeuta la animó a explorar cómo se sentía en realidad acerca de la vida y poco a poco se fue clarificando para ella que su vocación la hacía sentir insignificante y aburrida. Hacia el final de los seis meses de tratamiento, se puso en contacto con un deseo que había mantenido en privado durante muchos años: trabajar con plantas como jardinera.

Un año después de abandonar la terapia, Loraine llamó a su terapeuta para decir que había seguido a su propio corazón. Se había embarcado en una nueva carrera como paisajista. Los cursos en un colegio comunitario y el trabajo a tiempo parcial en una guardería la llevaron a desarrollar su propio negocio de mantenimiento de jardines. Ella dijo: «Ahora sé que mi depresión era realmente una señal de que no estaba viviendo mi vida de la manera correcta. Ha sido difícil y me daba un poco de miedo de cambiar de carrera; no voy a ganar un montón de dinero todavía, pero por primera vez en años, me siento viva».

En cada uno de los casos mencionados anteriormente, no podemos afirmar que la depresión estaba «curada», en el sentido ordinario de la palabra. Más bien, la psicoterapia ayudó a estas personas a entender la legitimidad de su desesperación, y a desarrollar formas de enfrentar su dolor, incluso el valor para experimentar el duelo de las pérdidas, o para enfrentar verdades internas o hacer cambios de estilo de vida.

Cada cliente llevó a cabo en última instancia el trabajo y el crecimiento por sí mismo, pero también tenían la ayuda de un terapeuta que sirvió de guía a través del territorio a menudo difícil.

Un beneficio final importante de la psicoterapia es que, cuando te sientes completamente desesperado y desanimado, un terapeuta puede transmitir un sentimiento de esperanza realista. El terapeuta puede ayudar a evaluar elecciones y opciones de una manera realista. Mientras que los amigos o familiares con buenas intenciones pueden darte el mensaje de que «no deberías sentirte tan mal», o que de alguna manera deberías ser capaz de salir de ella, los psicoterapeutas entienden la depresión y se dan cuenta de que no se puede simplemente «salir de ella». Con este entendimiento pueden ayudarte a enfrentar de manera realista y lidiar con tus sentimientos de un modo no crítico y sin prejuicios.

Se han desarrollado cuatro tipos específicos de terapia para la depresión que tienen un sólido historial de efectividad. Echemos un vistazo.

- La *terapia conductual* incluye una serie de procedimientos que pueden ayudar a combatir la depresión, sobre todo cuando la depresión se puede remontar a circunstancias específicas de la vida. Los terapeutas de la conducta a menudo emplean procedimientos de psicoterapia o terapia cognitiva, pero su experiencia específica enfatiza técnicas como la terapia de actividad, formación en asertividad, desensibilización sistemática, seguimiento del comportamiento y varios sistemas para recompensar las medidas adoptadas para reducir los sentimientos de depresión.

Los objetivos y los métodos del conductista están diseñados para conseguir ponerte «de nuevo en movimiento». Como es probable que un síntoma importante de tu depresión sea la actividad inhibida (quedarse en casa, evitar a otras personas, no participar en los contactos sociales normales, no llevar a cabo las tareas diarias, no hacer nada «sólo por diversión») la terapia de actividad puede ser prescrita. Actividades simples como hacer la compra o caminar alrededor de la manzana, podrían ser el punto de partida, con el plan de exigirse de forma gradual una mayor implicación con los demás, como ir a la iglesia, a una conferencia o a otro evento público de baja demanda. Estas actividades no requieren mucha participación activa, pero pueden ayudarte a ver que puedes obtener pequeñas cantidades de disfrute de la vida. Y esa conciencia ofrece una base para logros cada vez mayores y actividades más exigentes, reconstruyendo poco a poco su capacidad de divertirte y sentirte feliz de nuevo (esta técnica de terapia conductual es en realidad una aplicación supervisada y sistemática del enfoque de autoayuda para «mantenerse activo» discutido en el capítulo 13).

La formación en asertividad es un procedimiento conductual que mejorará tu capacidad para llevarte bien con otras personas y para conseguir más de lo que quieres de la vida. Francine había estado deprimida de modo intermitente durante casi dos años, sobre todo porque se había permitido ser utilizada como «felpudo sexual» por cada tipo que se lo pedía, o la forzaba. Ella no parecía ser capaz de decir *no*. Cuando finalmente buscó la ayuda de un psicólogo conductual, estuvieron de acuerdo en que tenía que poner límites, dejar de permitir que otros se aprovecharan de ella y comenzar a recuperar su autoestima. A los treinta y seis años, Francine no era demasiado mayor para aprender algunos «trucos nuevos». El terapeuta le enseñó habilidades asertivas para hacer frente a situaciones cotidianas (devolver una mercancía defectuosa, pedir favores, defenderse) y la ayudó a aplicar las mismas habilidades a situaciones aún más difíciles (lidiar con un supervisor injusto en el trabajo o decir que no a una invitación para una cita). Tras varias semanas de tratamiento, Francine comenzó a reconocer que tiene derechos, que puede estar a cargo de su vida (dentro de unos límites) ¡y que en realidad no es una persona tan inútil después de todo!

Otras herramientas que se incluyen entre las decenas del «kit» de los terapeutas conductuales son la insensibilización sistemática (una técnica para reducir la ansiedad mediante la exposición gradual a situaciones temidas), y la monitorización del comportamiento (un registro de las actividades diarias similar a la «gráfica de valoración del estado anímico» que se describe en el capítulo 13). Los terapeutas conductuales creen que la forma más eficaz para hacer frente a las dificultades más emocionales es enfrentarlas de cara, tratar cada queja de modo directo en vez de buscar «causas subyacentes». Las técnicas conductuales han demostrado ser eficaces para una amplia gama de trastornos, entre los que se incluyen la depresión, y pueden ser apropiadas para tu situación.

- La *terapia interpersonal* es un enfoque que reconoce el hecho de que a menudo la depresión surge cuando las personas tienen relaciones crónicamente problemáticas o infelices. Esta forma de psicoterapia, que también ha demostrado ser altamente eficaz en el tratamiento de la depresión, siempre implica a ambos miembros de una pareja o una familia entera. La atención se centra en ayudar a las personas a desarrollar estilos de comunicación más eficaces y mejores estrategias para la resolución de problemas. Cuando las relaciones mejoran, cuando se resuelven problemas o hay un aumento de la intimidad, la depresión suele remitir.

- La *terapia de análisis conductual cognitiva* es una forma de tratamiento nueva y prometedora que combina elementos de la psicoterapia cognitiva, interpersonal y conductual. La investigación preliminar demuestra que es altamente eficaz en el tratamiento de la depresión.

- La *terapia cognitiva* puede ser proporcionada por un psicoterapeuta individual o en un formato de terapia de grupo, o emplearse como un método de autoayuda. La terapia cognitiva como enfoque de autoayuda se describe en detalle en los capítulos 11 y 12.

¿Necesito terapia? ¿Es lo que quiero?

Ahora que sabes un poco más sobre qué esperar de diversos tratamientos profesionales para la depresión, puede que te estés preguntando: «Pero ¿necesito ese tipo de ayuda?».

Para obtener una respuesta basada en tu propia evaluación de tu situación, te sugiero que vuelvas al capítulo 4 y a la «lista de verificación de la depresión». Si tus puntuaciones totales, ya sea para el funcionamiento biológico como para los síntomas emocionales/psicológicos, te colocan en la categoría de «severo», te insto a contactar con un profesional tan pronto como sea posible. Si tus resultados indican niveles «moderados» de depresión, por favor, considera seriamente la posibilidad. Las puntuaciones «leves» son de menor urgencia, pero el hecho de que te preocupe lo suficiente como para haber leído este libro dice algo acerca de tu situación. ¡No dejes que tu sensación de desamparo o desesperanza eviten que des un paso que podría ayudar a cambiar tu vida!

Si piensas que la psicoterapia puede ayudarte, es una buena idea concertar una cita con un terapeuta para una visita inicial.

Elegir un terapeuta

Elegir al terapeuta adecuado es muy importante y hay cuatro pasos principales a seguir en tu búsqueda:

- Habla con tu médico de cabecera, tu pastor, tus amigos u otras personas que puedan tener contacto con la comunidad profesional, y recopila los nombres de dos o tres terapeutas de tu zona. En la mayoría de las ciudades, habrá una gran cantidad de terapeutas que se hayan ganado una reputación. Será importante acudir a alguno que esté bien recomendado.
- Averigua si el terapeuta trata la depresión y cuáles son sus credenciales (*véase* «Tipos de terapeutas de la salud mental» más adelante).

Aunque la mayoría de los terapeutas trabajan con personas que sufren de depresión, no todos están especializados en este tipo de tratamiento. Por ejemplo, algunos terapeutas principalmente ayudan a personas con problemas de pareja o tratan el abuso de alcohol. Al hablar con un terapeuta, está muy bien que le preguntes específicamente sobre su experiencia en el tratamiento de la depresión. Ésta es una cuestión especialmente importante si piensas que el tratamiento con medicamentos puede estar indicado; los psicoterapeutas que no practican en entornos médicos no podrán recetar medicamentos y algunos no entienden del todo o no creen en el tratamiento médico de la depresión. Muchos psicoterapeutas no médicos, sin embargo, están afiliados a hospitales o clínicas donde el tratamiento con medicamentos está disponible, o tienen una relación laboral con algún médico y pueden derivarte a él si ese tipo de tratamiento está justificado. Si has estado experimentando síntomas biológicos de depresión y estás abierto a considerar el tratamiento con antidepresivos, será útil preguntar a terapeutas potenciales acerca de su experiencia y sus sentimientos acerca del tratamiento médico de la depresión.

Quiero hacer hincapié en que, por desgracia, hay *algunos* terapeutas que se oponen al tratamiento médico de la depresión, a pesar de investigaciones recientes y convincentes de que en muchos casos este tratamiento es muy efectivo. Ciertamente, en muchos tipos de depresión, el tratamiento médico no está justificado y la preocupación por el consumo de drogas innecesarias no está fuera de lugar. Sin embargo, sería muy lamentable que estuvieras experimentando una depresión biológica y no tuvieras acceso a un tratamiento médico apropiado. El resultado sería probablemente un tiempo prolongado de sufrimiento.

- Una vez que hayas encontrado a un terapeuta que trate la depresión y te sientas satisfecho con sus credenciales, el tercer paso es hacer una llamada telefónica y hablar de la razón principal por la que buscas terapia ahora. Obviamente, es imposible explicar en detalle las circunstancias de la vida de uno en uno o dos minutos, pero la razón principal para hacerlo por teléfono es para que puedas ver cómo responde el terapeuta ante ti. Este primer contacto con el terapeuta es importante; puede que obtengas algunas primeras impresiones. Muchas veces las personas se sienten angustiadas por tener que concertar una cita. La mayoría de los terapeutas lo entienden y utilizan esta primera toma de contacto para ayudar a que te sientas a gusto y contarte algo acerca de su proceder (por ejemplo, la frecuencia con que se reúne con los pacientes, sus honorarios, sus especialidades, etcétera). Uno de mis principales objetivos al hablar con pacientes potenciales antes de la primera visita es ayudarles a sentirse más relajados acerca de su decisión de venir a verme y expresar mi intención de trabajar en conjunto con ellos.

Si te sientes reacio a concertar una cita, está bien que simplemente llames a un terapeuta y hables durante unos minutos y tal vez que compartas tus temores acerca de acudir a él. Si todavía estás indeciso, ten en cuenta que cuando vayas a ver a un terapeuta, en cierto modo le estás contratando para que te ayude de una manera profesional. Si por alguna razón no te sientes cómodo con la persona, no tienes que volver. Tú tienes el control de esa decisión en todo momento.

- El cuarto paso en tu proceso de selección es tu propia evaluación del terapeuta y el proceso de la terapia en general después de la sesión inicial. Después de hablar con el terapeuta durante la sesión inicial, es muy probable que puedas juzgar por ti mismo si parece ser un buen método para ti. Las cosas importantes a tener en cuenta durante la primera sesión son: «¿El terapeuta parece entenderme?» y «¿Tengo un sentimiento de esperanza acerca de este tipo de tratamiento?». Ningún tipo de tratamiento puede resolver la depresión de inmediato y va a llevar algún tiempo y esfuerzo de tu parte; pero si tus respuestas a las dos preguntas son «sí», entonces existen razones para creer que el trabajo con este terapeuta en particular puede ser beneficioso.

Tipos de terapeutas de la salud mental

- **Psiquiatra (doctor).** Los psiquiatras son médicos que han recibido una formación especializada en el tratamiento de problemas emocionales, entre los que se incluyen tanto los tratamientos con medicamentos como los psicológicos (es posible que un médico practique la psiquiatría sin formación especializada, sin embargo muy pocos lo hacen. Una vez más, es apropiado preguntar sobre los antecedentes de la formación y la experiencia de cualquier profesional al tratar tu enfermedad). La mayoría de los psiquiatras tratan la depresión y otros trastornos emocionales con medicamentos. Algunos psiquiatras también pueden proporcionar psicoterapia, terapia conductual o terapia cognitiva. La «Certificación del Consejo Médico» es una designación avanzada concedida por la profesión a los psiquiatras que están especialmente bien preparados.
- **Psicoterapeutas no médicos.** Estos profesionales tratan los problemas emocionales utilizando diversos enfoques psicológicos no médicos (como la psicoterapia, la terapia cognitiva y la terapia conductual). Muchos psicoterapeutas no médicos están muy versados en el diagnóstico psiquiátrico y pueden recomendar el tratamiento con medicamentos. Sin embargo, ellos no *prescriben* la medicación (hay raras excepciones a esto en algunos estados en Estados Unidos). Entre los especialistas no médicos se encuentran:
  - *Psicólogos.* Tienen un doctorado en Psicología, cuentan con tres o cuatro años de formación de posgrado en métodos psicológicos y en la mayoría de los estados en Estados Unidos tienen licencia para ejercer. También tienen una formación especializada en la administración e interpretación de pruebas psicológicas. En Estados Unidos, la designación más avanzada para un psicólogo es la de «diplomado» del Consejo Americano de Examinadores de Psicología Profesional.
  - *Trabajadores sociales clínicos.* Por lo general poseen una maestría en Trabajo Social, cuentan con una experiencia supervisada con-

siderable y normalmente están autorizados por el estado (de ahí su denominación en inglés «LCSW», que significa licencia de trabajador social clínico).

- *Asesores/terapeutas matrimoniales, familiares e infantiles.* Algunos estados en Estados Unidos otorgan una licencia a asesores (o terapeutas) matrimoniales, familiares e infantiles. Este tipo de terapeutas, por lo general, tienen al menos una maestría en Consejería, normalmente con especialización en tratamiento de problemas matrimoniales y familiares o problemas de niños y adolescentes.

- *Asesores en salud mental.* Algunos estados en Estados Unidos también ofrecen licencias para asesores en salud mental. Estos terapeutas suelen tener una maestría o un doctorado en Psicología o Asesoría.

- *Consejeros pastorales.* Algunos clérigos han recibido formación en orientación y pueden proporcionar terapia de apoyo a los miembros de su Iglesia o a otros que deseen un terapeuta que trate tanto las preocupaciones emocionales como las espirituales.

Una nota final

Mike vino a verme hace un mes. Estaba muy deprimido y lo había estado desde hacía más de un año después de un doloroso divorcio. Me dijo: «Empecé a llamar a un terapeuta hace seis meses. Sabía que estaba metido en una buena, pero cuando cogí el teléfono, me eché atrás. Tenía miedo de llamar y me dije a mí mismo: "Bueno, estaré bien…, lo superaré por mi cuenta" y colgué el teléfono. Esto ocurrió cuatro o cinco veces. Estaba demasiado asustado y demasiado avergonzado para llamar. Ojalá te hubiera llamado hace seis meses. Mi vida ha sido un infierno y sé que necesito ayuda». Es *muy* común y muy humano sentir aprensión acerca de hacer esa primera llamada.

Mucha gente piensa: «Bueno, no estoy tan mal» o «Van a pensar que estoy exagerando o sintiendo lástima de mí mismo».

Nadie quiere sentirse tonto o avergonzado. Pero los terapeutas saben que la depresión duele y puede destruir vidas. Es su trabajo tomarte a ti y a tu depresión en serio. La depresión tiene la mala costumbre de arrastrarse durante mucho tiempo, y no recibir tratamiento cuando lo necesitas prolonga el dolor. Si sabes que estás muy deprimido, ¡haz la llamada! Muchas veces después de una llamada telefónica de tres minutos, la persona puede sentir una sensación de alivio al saber que ha dado ese primer paso. La acción es uno de los mejores antídotos contra los sentimientos de impotencia o desesperación. Marcar un número de teléfono es una acción sencilla que puedes llevar a cabo para ayudarte a ti mismo.

15

Medicación para la depresión

Los medicamentos antidepresivos tienen una eficacia bien documentada en el tratamiento de depresiones biológicas y depresiones de tipo mixto con algunos síntomas biológicos. La gran mayoría de las personas con depresiones biológicas puede beneficiarse del uso de medicamentos antidepresivos. Sin embargo, hay una buena cantidad de información errónea y malentendidos sobre su uso. Me gustaría explicarte cómo funcionan estos medicamentos para tratar la depresión y hablar en detalle sobre este tipo de tratamiento.

Los medicamentos antidepresivos representan una clase específica y única de medicamentos. *No* son tranquilizantes, aunque por desgracia a menudo se supone que están en la misma categoría que Valium, Xanax o Ativan (que son tranquilizantes menores). Los antidepresivos son químicamente muy diferentes y actúan de forma muy distinta a los tranquilizantes. A diferencia de algunos tranquilizantes, los antidepresivos no son adictivos ni crean un hábito. Los antidepresivos no son estimulantes ni «píldoras de la felicidad». En lugar de eso, los antidepresivos alivian la intensidad del dolor emocional y eliminan muchos de los síntomas depresivos biológicos tales como los trastornos del sueño. Mientras que los antidepresivos pueden reducir la anhedonia y restaurar la capacidad de experimentar placer, no producen sentimientos de felicidad en absoluto.

Muchas personas son reacias a tomar medicamentos y afirman: «No quiero depender de una muleta química». El alcohol y algunos tipos de tranquilizantes proporcionan relajación o euforia temporal. En cierto sentido, estas sustancias son «muletas», porque cuando los efectos desaparecen, no hay ningún cambio duradero, vuelves al punto de partida. Sin embargo, éste no es el caso de los antidepresivos. En un sentido real, los medicamentos antidepresivos pueden producir cambios duraderos devolviendo ciertas partes del sistema nervioso a un estado de funcionamiento normal y natural.

Los efectos beneficiosos de los medicamentos antidepresivos se consiguen principalmente mediante la restauración de las células nerviosas que funcionan mal a su estado normal.

La depresión y el cerebro

En el centro del cerebro humano existen una serie de estructuras específicas, como el hipotálamo y el sistema límbico, que conforman el «cerebro emocional». Estas estructuras cerebrales juegan un papel importante en la regulación de una serie de funciones físicas y emocionales, entre las que se incluyen el apetito, los ciclos de sueño y el deseo sexual. Cuentan con centros de placer y centros de dolor, que operan para controlar los sentimientos y la expresión emocional. Cuando tu cerebro emocional funciona con normalidad, eres capaz de tener una buena noche de sueño, sentirte descansado, tener un interés sexual y apetito normales y no sentirte abrumado por sentimientos intensos. En otras palabras, te sientes «normal». Sin embargo, en las depresiones biológicas, tales áreas del cerebro comienzan a funcionar mal y pueden producir una serie de síntomas significativos.

Cuando te enfrentas al dolor emocional de un divorcio, la muerte de un ser querido, la pérdida de un trabajo o de otra situación difícil, la situación puede llegar a ser muy complicada si comienzas a experimentar los síntomas adicionales de la depresión biológica. La tarea de lidiar con el dolor emocional puede resultar aún más difícil y frustrante si no duermes, te sientes agotado o pierdes la capacidad de experimentar placer alguno.

¿Cómo se produce este mal funcionamiento biológico? Las diferentes estructuras que componen el «cerebro emocional» deben activarse o «encenderse» para funcionar con normalidad. Para usar una analogía simple, digamos que deseas encender un televisor pero la toma de corriente más cercana está a cuatro metros de distancia, por lo que utilizas dos cables de extensión de dos metros. Cuando están conectados el uno al otro por sus extremos y luego a la televisión, se puede encender. Las diversas estructuras del cerebro emocional deben ser energizadas con el fin de regular adecuadamente las funciones biológicas y el estado de ánimo. Esto se logra mediante una serie de células nerviosas que están conectadas por sus extremos, algo así como los cables de extensión.

Los impulsos electroquímicos viajan a lo largo de cada célula nerviosa hasta que alcanzan el extremo del nervio. Sin embargo, las dos células nerviosas no están conectadas entre sí como los cables de extensión. Las células están separadas por un pequeño espacio llamado «sinapsis». Para que el impulso nervioso se transmita de una célula a otra, un tipo de estimulación debe atravesar la sinapsis. Esto se realiza químicamente. Unos pequeños recipientes llamados «vesículas» se activan por el impulso nervioso en la célula «A» y migran hacia el borde de la célula, derramando un neuroquímico especializada en la sinapsis *(véase* «Activación de la célula nerviosa», sección 4 de la figura 15-A). Entre las moléculas neurotransmisoras que han estado implicadas en algunas formas de depresión se encuentran la serotonina, la norepinefrina y la dopamina. Estos mensajeros químicos van a la deriva a través de la sinapsis y se adhieren a la superficie de la célula «B». Cuando una cantidad suficiente de la neuroquímica se une a la célula

«B», activa los receptores de la célula nerviosa y tiene varios efectos. Se tiene que producir una estimulación nerviosa normal como ésta para mantener el funcionamiento adecuado y adaptativo del cerebro.

En las depresiones biológicas se producen dos problemas. El primero es algo que se llama «reabsorción excesiva». Por razones que no se entienden bien, la célula comienza a funcionar mal. Justo después de que el neuroquímico se libere en la sinapsis, se reabsorbe rápidamente en la célula «A». La reabsorción es un proceso natural y normal, pero en la depresión se puede acelerar. Cuando esto ocurre, poco o nada de los neuroquímicos quedan disponibles para activar la célula «B». Después de varios días o semanas, los ahora anormalmente bajos niveles sinápticos de estos productos químicos empiezan a pasar factura. Las células adyacentes (célula B) poco a poco se vuelven cada vez más disfuncionales; éste es el segundo problema. La química interna de los cambios en las células e incluso los elementos estructurales de la célula pueden comenzar a alterarse. Esto anuncia el inicio de muchos de los síntomas biológicos de la depresión, ya que el cerebro entonces se vuelve cada vez más ineficaz en la regulación de funciones tales como el sueño y el apetito.

Figura 15-A

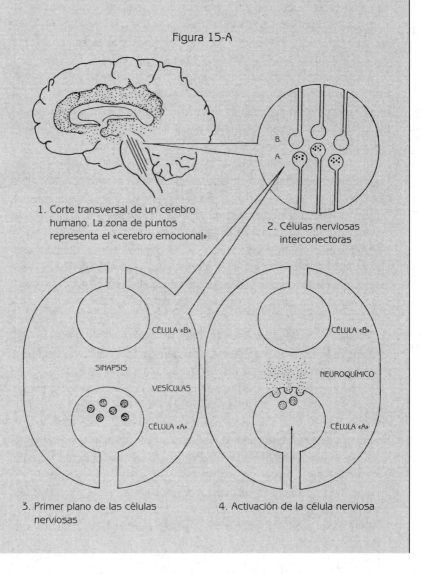

1. Corte transversal de un cerebro humano. La zona de puntos representa el «cerebro emocional»

2. Células nerviosas interconectoras

CÉLULA «B»

SINAPSIS

VESÍCULAS

CÉLULA «A»

CÉLULA «B»

NEUROQUÍMICO

CÉLULA «A»

3. Primer plano de las células nerviosas

4. Activación de la célula nerviosa

Si no se trata, este mal funcionamiento biológico por lo general no dura para siempre. En estudios de personas deprimidas no tratadas, se ha observado que puede darse una reversión espontánea de este proceso y el retorno al funcionamiento normal. Generalmente esto ocurre en cualquier momento al cabo de entre nueve y dieciocho meses. Sin embargo, es obvio que es un tiempo muy largo para tener que sufrir una depresión. Afortunadamente, estas disfunciones biológicas se pueden tratar con mucho éxito con medicamentos antidepresivos adecuados.

También como hemos apuntado anteriormente, durante los episodios severos y prolongados de la depresión, se pueden dañar ciertas partes del sistema límbico (en particular, una estructura cerebral llamada *hipocampo*). El principal culpable parece ser el nivel tóxico de la hormona del estrés, el cortisol. Tal daño cerebral puede contribuir a la larga a síntomas cada vez más graves y episodios más frecuentes. Los medicamentos antidepresivos han demostrado reducir los *niveles de cortisol*. Además, estos fármacos aumentan la disponibilidad de una molécula llamada *factor neurotrófico derivado del cerebro* (FNDC). Ésta es una molécula que se fabrica dentro de las células nerviosas que ayuda a facilitar la reparación de las células nerviosas dañadas y puede hacer arrancar un proceso llamado *neurogénesis* (el nacimiento de nuevas células nerviosas para reemplazar a las dañadas por el cortisol).

Desafortunadamente, los efectos de los medicamentos antidepresivos no son rápidos. En la mayoría de los casos, una persona que comience un tratamiento con un medicamento antidepresivo tardará entre diez y veintiún días en notar mejoría en los síntomas. Simplemente se necesita ese tiempo para empezar a revertir el mal funcionamiento biológico. Aunque algunos medicamentos antidepresivos tienen un efecto sedante incorporado y por lo tanto pueden evitar una perturbación del sueño severa durante los pocos días de tratamiento, la resolución total de la alteración del sueño puede tardar un par de semanas. Con todo, los medicamentos antidepresivos han demostrado ser muy eficaces en el 70 u 80 por 100 de casos correctamente diagnosticados. Dicho tratamiento puede ayudar considerablemente a aliviar una serie de síntomas depresivos dolorosos.

Qué esperar

Es muy importante tener expectativas razonables sobre el tratamiento con medicamentos. Las respuestas reales a los medicamentos pueden variar enormemente, pero Jerry H. es un ejemplo bastante típico.

Jerry es un hombre de cuarenta y un años que ha estado casado durante trece años. Durante los últimos tres años, Jerry y su esposa han tenido considerables problemas maritales. El mes pasado, su esposa pidió el divorcio y lo dejó. La ruptura fue muy dolorosa para él y echa de menos a su esposa. En las cuatro semanas desde que ella se fue, Jerry ha desarrollado los síntomas observados en la figura 15-B.

Jerry visitó a un psiquiatra que le recetó un medicamento antidepresivo. El médico le dijo que empezara el medicamento esa noche con una pastilla de 15 miligramos al acostarse. Al día siguiente se sentía muy cansado y aturdido y llamó al médico. El médico le cambió a una medicina menos sedante; la dosis inicial era una pastilla de 10 miligramos al acostarse. Cuando el nuevo antidepresivo resultó no causar ningún efecto secundario, se le dijo a Jerry que aumentara la dosis a 20 miligramos después de la primera semana a fin de alcanzar una dosis dentro de un rango terapéutico. Su médico le dijo que mantuviera esta dosis y siguiera tomando la misma cantidad cada día, ya que los medicamentos antidepresivos son efectivos sólo cuando se toman de manera regular *(véase* la figura 15-C para una lista de los medicamentos antidepresivos comunes y los rangos típicos de dosis terapéuticas).

Algunos medicamentos antidepresivos pueden ser sedantes, y el primer medicamento le causaba a Jerry demasiada somnolencia durante el día. Como hay muchos tipos de antidepresivos, Jerry fue prudente al llamar al médico cuando experimentó efectos secundarios indeseables. En la mayoría de los casos se puede prescribir otro medicamento que cause pocos o ningún efecto secundario.

Catorce días después de comenzar a tomar el medicamento, Jerry comenzó a notar algunos cambios graduales. Estaba empezando a dor-

Figura 15-B
Jerry H.

Síntomas psicológicos	*Síntomas biológicos*
1. Tristeza, ataques de llanto	1. Alteración del sueño; despierta a las 4:30 a.m. y no puede volver a dormir
2. Cierto aislamiento social	2. Pérdida del apetito; pérdida de peso de cuatro kilos
3. Sentimientos de insuficiencia	3. Fatiga durante el día; se siente cansado
	4. Poca capacidad de obtener placer de las actividades normales de la vida (anhedonia)

mir toda la noche y tenía más energía durante el día. Durante las tres semanas siguientes Jerry notó que su apetito mejoraba y empezó de nuevo a conseguir disfrutar un poco de actividades como ir al cine o salir a comer con un amigo. También informó: «Todavía me siento muy triste por el divorcio, pero no me siento tan abrumado. Todavía lloro a veces, pero no me derrumbo en el trabajo como lo hacía justo después de que ella me dejara».

Los puntos importantes que quiero destacar de este ejemplo son:

- Los medicamentos pueden tener efectos secundarios.
- La mayoría de los efectos secundarios pueden ser tratados con un cambio en los medicamentos o en las dosis.
- Los cambios tardarán un tiempo (pueden no ser perceptibles al principio).
- Los medicamentos pueden tratar los aspectos biológicos de la depresión y mejorar el control emocional y tienen cierto impacto en los síntomas psicológicos (pero el efecto principal del tratamiento con medicación es normalizar el funcionamiento biológico).

Dos meses después de comenzar el tratamiento, Jerry dijo: «Todavía echo mucho de menos a mi esposa, pero es mucho más fácil hacer frente a las cosas ahora. Poder dormir, no sentirme agotado y ser capaz de sentirme vivo de nuevo marca una gran diferencia». Los problemas de la tristeza, baja autoestima y aislamiento social no se vieron directamente afectados por el medicamento. Jerry tuvo que permitirse llorar por la pérdida de su esposa mediante el uso de algunas técnicas cognitivas para combatir sentimientos de baja autoestima e insuficiencia.

Al final de dos meses y medio de tratamiento, Jerry estaba totalmente recuperado. Alguna tristeza ocasional persistía, pero no era abrumadora. Otros síntomas de depresión habían desaparecido. Jerry, naturalmente, quería dejar de tomar el medicamento. Su terapeuta, sin embargo, le sugirió que siguiera tomándolo durante seis meses más. Los estudios han demostrado que si las personas que han estado tomando medicamentos dejan de hacerlo tan pronto como desaparecen los síntomas, incluso si están totalmente recuperados, existe un alto riesgo de recaída aguda. La mayoría de los psiquiatras sugerirán el tratamiento continuado durante un período adicional de seis a nueve meses para reducir drásticamente la tasa de recaída aguda.

Efectos secundarios comunes de los antidepresivos

La figura 15-C *(véase* la página 165) enumera los antidepresivos disponibles actualmente. Los marcados con un asterisco (*) son comúnmente llamados «antidepresivos de nueva generación». A diferencia de los medicamentos de primera generación/más antiguos, éstos son significativamente más seguros y por lo general tienen un perfil de efectos secundarios mucho más favorable. Los efectos secundarios varían de fármaco a fármaco; sin embargo, los efectos secundarios más comunes son:

- Náuseas, gases intestinales, diarrea.
- Ansiedad (la mayoría de los antidepresivos reducen significativamente la ansiedad con el tiempo; sin embargo, algunos aumentan inicialmente la ansiedad o la inquietud. Si esto ocurre, por lo general es notable entre los primeros siete y diez días, y luego desaparece).
- Disfunción sexual: la impotencia es rara, pero entre el 20 y el 30 por 100 de las personas que toman antidepresivos experimentan *anorgasmia* (dificultad para experimentar un orgasmo, a pesar de que la persona se excite sexualmente). Hay una menor incidencia de anorgasmia con Serzone y es rara con Wellbutrin.
- A medida que la depresión remite el apetito puede mejorar (es decir, volver a la normalidad) y uno puede ganar peso. Sin embargo, el aumento de peso como *efecto secundario* es poco frecuente durante los primeros meses de tratamiento (una excepción es Remeron, que puede causar aumento de peso como un *efecto secundario tardío* como muchos de los otros antidepresivos disponibles, después de tomar el medicamento durante un año o más.
- Puede darse sedación *(véase* figura 15-C para fármacos específicos que pueden causar este efecto secundario).
- Los antidepresivos pueden provocar manía en personas que sufren de trastorno bipolar *(véase* el capítulo 17).

Si un medicamento causa efectos secundarios, ¿es posible cambiar a otro que no me los provoque?

Casi cualquier tipo de medicamento puede causar efectos secundarios en algunas personas (los efectos secundarios comunes de los medicamentos antidepresivos se enumeran en la figura 15-C). Algunos efectos secundarios son mínimos y desaparecen en unas pocas semanas. Sin embargo, si experimentas efectos secundarios significativos, es muy importante que te pongas en contacto con tu terapeuta o médico de inmediato. Muchas personas muy deprimidas que necesitan tratamiento deciden: «Este medicamento no me va bien…, no voy a tomar fármacos», y lo interrumpen. Es muy raro que no se pueda encontrar un medicamento que tenga pocos o ningún efecto secundario, aunque el proceso puede requerir probar con unos cuantos medicamentos diferentes. Las personas que están siendo tratadas con la medicación *adecuada no* se sienten drogadas, y de hecho no experimentan más efectos secundarios que los que tendrían si tomaran vitaminas. No dejes que una sola experiencia desagradable con un medicamento te impida obtener la ayuda que mereces. Tienes todo el derecho a discutir cualquier problema de efectos secundarios con el médico tratante.

¿Qué sucede cuando los medicamentos no funcionan?

A veces los medicamentos no funcionan. Hay varias razones comunes por las cuales esto podría ocurrir:

1. *Las personas a menudo son tratadas con dosis pequeñas.* En general debes tomar medicamentos en dosis dentro del rango terapéutico (*véase* la figura 15-C). A menudo, un psiquiatra te recetará un antidepresivo en una dosis inicial muy baja, que luego incrementará gradualmente. Esto se hace porque los aumentos graduales de la dosis pueden ayudar al cuerpo a adaptarse y a menudo evitar efectos secundarios.
2. *Muchas personas no toman los medicamentos el tiempo suficiente.* No es raro encontrar a alguien que haya tomado un antidepresivo durante una semana y decidiera: «¡Esto no está funcionando!», sin entender que por lo general tarda entre dos y cuatro semanas (o más) en comenzar a producir resultados positivos. La persona ha interrumpido la medicación antes de que pudiera ser eficaz.
3. *A las personas deprimidas a menudo se les administran tranquilizantes.* Los tranquilizantes no curan la depresión y a veces la empeoran

(véase la figura 15-D para una lista de tranquilizantes recetados de modo habitual).

4. *El uso/abuso del alcohol.* Incluso el consumo diario moderado de alcohol puede interferir con la acción de los antidepresivos, y ésta es una razón muy común de los fracasos del tratamiento.

5. *El antidepresivo elegido puede no ser eficaz.* Hay cinco clases básicas de antidepresivos que difieren químicamente: antidepresivos serotoninérgicos (a menudo denominados «SSRI»); antidepresivos norepinefrina; antidepresivos de acción dual (por ejemplo, Eflexor que se centra en la norepinefrina y la serotonina); inhibidores de la monoaminooxidasa («MAOI») y bupropion (un antidepresivo de una clase propia, a diferencia de otros antidepresivos). Cada clase de medicamentos afecta a un conjunto único de células nerviosas en el cerebro. Si alguien no responde a una clase de antidepresivos, el psiquiatra cambiará a una clase diferente, que probablemente luego sea eficaz.

   Una estrategia eficaz de uso común estos días es la de «aumentar» los medicamentos, añadiendo un segundo medicamento al primer antidepresivo. Esta estrategia suele tener éxito; más del 50 por 100 de los pacientes que no respondían al primer antidepresivo sienten beneficios positivos. Entre los medicamentos comunes utilizados para aumentar los antidepresivos se encuentran el litio, Wellbutrin, Provigil, Ritalin u hormona tiroidea añadida a SSRI.

6. *La depresión puede ser puramente psicológica.* Como se mencionó anteriormente, la mayoría de los casos de depresión psicológica no necesitan la ayuda de medicamentos antidepresivos. Hay algunas excepciones a esto y de vez en cuando un psiquiatra dará antidepresivos de prueba a personas con depresiones psicológicas.

   Los medicamentos antidepresivos no tratan todos los aspectos de la depresión clínica. En la gran mayoría de las depresiones biológicas *correctamente diagnosticadas,* tales medicamentos son tremendamente eficaces. Los medicamentos no son muletas, sino más bien una intervención médica que corrige un fallo de funcionamiento bioquímico y restaura el funcionamiento fisiológico normal. Como uno de mis pacientes informó recientemente: «Como sabes, yo era muy escéptico acerca de tomar medicamentos. Quería vencer a esta depresión por mi cuenta. Ahora sé que he tenido que aceptar la mayoría de mis problemas yo solo. Pero también sé que de verdad había algo malo en mí físicamente. El medicamento me ayudó mucho».

Breves notas sobre los productos sin receta

Hay tres productos sin receta que han demostrado ser eficaces antidepresivos: la hierba de san Juan (eficaz en el tratamiento de algunas formas de depresión leve a moderada), SAM-e (eficaz en el tratamiento de la depresión severa) y los ácidos grasos omega 3. Investigaciones recientes han demostrado que el suplemento dietético EPA (un tipo de ácido graso omega 3 disponible en tiendas de alimentos naturales) puede reducir la gravedad de la depresión severa (especialmente cuando se combina con antidepresivos). La dosis recomendada es de 0,5 gramos dos veces al día. *(Nota:* El omega 3 derivado del aceite de pescado parece ser más eficaz que el derivado de aceite de semilla de lino).

¡Precaución! A pesar de eficacia establecida, algunos productos sin receta pueden causar graves interacciones entre medicamentos (sobre todo la hierba de san Juan). Nunca los tomes junto con otros antidepresivos e informa *siempre* a tu médico si estás tomando estos productos sin receta.

Prozac

Prozac es el antidepresivo más vendido del mundo. Hasta la fecha, se estima que se han vendido más de 325 millones de recetas de este medicamento en todo el mundo.

Como probablemente sabes, Prozac ha recibido mucha atención por parte de los medios, tanto positiva como negativa. El fármaco fue lanzado en Estados Unidos en 1988 y rápidamente obtuvo la atención, la popularidad y la reputación de ser un tratamiento muy seguro, bien tolerado y eficaz para la depresión. A principios de 1990, sin embargo, Prozac pronto fue criticado con acusaciones de que el uso del fármaco dio como resultado casos de suicidio y comportamiento agresivo.

Una fuente importante de la crítica de Prozac, conocida al cabo de un tiempo, fue la Iglesia de la Cienciología, que había organizado una campaña eficaz contra Prozac que contribuyó mucho a la ofensiva mediática negativa. La Cienciología ya tenía una gran reputación por su continua guerra de veinte años con la psiquiatría; al parecer, la organización había decidido centrar la atención en Prozac.

Pacientes asustados, médicos escépticos y grupos de consumidores interesados ejercieron presión sobre la Administración de Alimentos y Medicamentos de Estados Unidos (FDA) para que revisaran cuidadosamente la seguridad de Prozac. Después de un cuidadoso análisis de los datos clínicos y de investigación publicados en 1991, la FDA concluyó que la información disponible no indicaba que Prozac provocara tendencias suicidas o comportamiento violento.

Echemos un vistazo a los hechos:

- Todos los medicamentos tienen efectos secundarios.
- La investigación ha demostrado que los antidepresivos de nueva generación (por ejemplo, Prozac, Zoloft o Wellbutrin) tiene considerablemente menos efectos adversos que los antidepresivos tricíclicos de generaciones anteriores (por ejemplo, la amitriptilina o la imipramina).
- Los medicamentos más nuevos son más fáciles de tolerar y mucho más seguros (en casos de sobredosis accidental o intencionada).
- Con *todos* los antidepresivos, alrededor del 2 al 3 por 100 de las personas tratadas informan de un aumento de pensamientos suicidas durante las dos primeras semanas de tratamiento. (Ten esto en cuenta: el 2 o 3 por 10 informa de *pensamientos* suicidas, no de *comportamiento* suicida).

- Todos los antidepresivos requieren de dos a cuatro semanas de tratamiento antes de que los síntomas comiencen a mejorar. Por lo tanto, el aumento observado de ideas suicidas probablemente ocurrió antes de la aparición de los efectos de la medicación.
- Se han dado casos de personas que se suicidan mientras tomaban Prozac y otros antidepresivos. Sin embargo, la incidencia de este hecho no es mayor entre los tratados con Prozac que entre los que recibieron otros antidepresivos.
- No está claro si los casos aislados de suicidio (mientras tomaban Prozac) están en absoluto relacionados con el fármaco, o simplemente fueron el resultado de una depresión que aún no había respondido al tratamiento.
- La depresión severa no tratada, trágicamente, tiene una tasa de mortalidad de por vida del 10 por 100 de suicidios. Por lo tanto está claro que la depresión no tratada conlleva estadísticamente un riesgo mayor de suicidio que la de *cualquier* tratamiento con medicación, incluso Prozac (por supuesto, esta generalización estadística no se puede aplicar con seguridad a ningún caso individual).

Los nuevos medicamentos anunciados a bombo y platillo que parecen ser una gran promesa (como Prozac) a menudo tienden a ser prescritos en exceso por médicos muy ocupados, sobre todo para pacientes que requieren una cura «rápida».

El miedo o la preocupación son reacciones naturales a los informes de los medios sobre las consecuencias negativas de cualquier tratamiento. Estos temores son comprensibles, pero también es importante hacer una distinción entre «historias de terror» sensacionalistas y la realidad. Afronta todos los tratamientos con medicación con cuidado, siguiendo estos pasos:

1. Estudia los hechos sobre los medicamentos que te hayan prescrito (para *cualquier* enfermedad).
2. Habla con tu médico sobre los posibles efectos secundarios e interacciones con otras sustancias o medicamentos que estés tomando, incluso el alcohol.
3. Asegúrate de que tu médico te ha recetado algo solamente después de un examen y diagnóstico minuciosos. No le presiones para una «cura rápida», por muy dolorosa que sea la enfermedad. El tiempo está casi siempre de tu lado.

4. Siempre es importante que el paciente y el médico monitoricen las reacciones y efectos secundarios muy cuidadosamente para estar seguros de que los resultados deseados se alcanzan con un mínimo de efectos indeseables.

5. Sean cuales sean los efectos secundarios de los medicamentos, debes informar inmediatamente a tu médico. Casi siempre se pueden manejar mediante la alteración de la dosis o cambiando a un medicamento diferente.

Prozac y otros antidepresivos más nuevos no son «remedios mágicos» para curar la depresión. Sin embargo, estos tratamientos médicos pueden ser herramientas poderosas cuando se prescriben de manera adecuada y cuidadosamente monitorizada.

Breves notas sobre la TEC (terapia electroconvulsiva)

La TEC, comúnmente conocida como «terapia de choque», tiene una historia de controversia. La técnica fue desarrollada originalmente a finales de 1930 y se utilizó ampliamente en hospitales mentales en los años cuarenta y cincuenta. Los primeros métodos de administración de la TEC resultaron ser tratamientos eficaces para la depresión severa, pero los resultados eran a menudo condenados por efectos secundarios adversos significativos (tales como convulsiones motoras severas y huesos rotos) que condujeron a una visión popular de la TEC como una forma inhumana de tratamiento. De hecho, la idea de hacer sufrir un *shock* de forma intencionada a un ser humano (aunque está claro que el tratamiento le ayudará a largo plazo) es repulsiva para muchas personas.

Sin embargo, las principales mejoras en la TEC se produjeron en las décadas de 1970 y 1980. El enfoque ahora es indoloro y muy seguro. Por otra parte, ahora la TEC es considerada por muchos profesionales como el tratamiento más eficaz para los trastornos depresivos severos. Se cree que la TEC causa los mismos cambios neuroquímicos beneficiosos en el cerebro que los medicamentos antidepresivos, pero de un modo mucho más rápido. Sin embargo, el procedimiento es caro y por lo tanto generalmente se utiliza sólo si la psicoterapia o los medicamentos no funcionan adecuadamente.

Breves notas sobre nuevos tratamientos experimentales

En el cambio de siglo han surgido dos tratamientos prometedores que parecen ser eficaces en el tratamiento de los casos de depresión que no han respondido a terapias más tradicionales. El primero es la estimulación magnética transcraneal repetitiva. Este tratamiento, aparentemente muy seguro, implica la estimulación del cerebro mediante electroimanes de gran alcance. Los estudios preliminares sugieren que puede ser igual en eficacia a la TEC. Sin embargo, tiene pocos o ningún efecto secundario.

El segundo tratamiento experimental se llama *estimulación del nervio vago*. Se implanta un dispositivo similar a un marcapasos en la parte superior del pecho, y la administra una estimulación eléctrica periódica de bajo nivel al nervio vago que pasa por el cuello (un nervio que entra en el cerebro). Los estudios iniciales son prometedores, aunque se necesita más investigación para evaluar plenamente este procedimiento.

Breves notas sobre el tratamiento con medicamentos para los niños

Muchos niños experimentan tristeza y depresiones leves en respuesta a una serie de circunstancias difíciles de la vida. Más allá de esto, un número significativo de jóvenes cada año también experimenta depresiones muy graves (prevalencia anual: 3 por 100 para los niños y 10 por

100 para los adolescentes). Estas depresiones severas tempranas son con frecuencia las precursoras de episodios afectivos más graves (entre los niños y adolescentes que sufren de una depresión severa y a los que se les hace un seguimiento durante 10 años, el 35 por 100 va a tener depresiones posteriores, y un asombroso 50 por 100 desarrollarán la enfermedad bipolar). EL tratamiento con medicamentos antidepresivos puede ser útil para promover la recuperación de estos episodios depresivos graves. Sin embargo, la investigación sobre el uso de antidepresivos en niños es bastante limitada. Los siguientes son puntos importantes a tener en cuenta con respecto a los tratamientos médicos:

- Los antidepresivos pueden agravar el trastorno bipolar (provocando «la aceleración del ciclo»; *véase* el capítulo 17). Ya que el 50 por 100 de las depresiones graves de la infancia a la larga resultan ser las primeras etapas de la enfermedad bipolar, el tratamiento con antidepresivos debe abordarse con cautela. Sin embargo, a menudo es difícil saber si un episodio de depresión en un niño es el precursor de la enfermedad bipolar. Una de las cosas más importantes que determinar es si hay o no un historial familiar positivo de la enfermedad bipolar (en parientes consanguíneos y sobre todo en un progenitor o un hermano). Este trastorno transmitido genéticamente suele darse en las familias. La situación es más clara con familiares que han sido diagnosticados o tratados por el trastorno bipolar. Sin embargo, a menudo es difícil determinar si los familiares han tenido un trastorno psiquiátrico específico. Así, si entre los miembros de la familia existe cualquiera de los siguientes tipos, el diagnóstico de un trastorno bipolar es una posibilidad:
  - Matrimonios múltiples
  - Emprender numerosos negocios
  - Suicidio
  - Problemas de abuso de drogas o alcoholismo severo
- Si el trastorno bipolar se ha descartado y los medicamentos antidepresivos se están considerando, ten en cuenta lo siguiente:

- Los SSRI (como Prozac, Paxil y Zoloft) tienen mayores apoyos de investigaciones como seguros y eficaces para la depresión en niños y adolescentes.
- Las dosis utilizadas para tratar a los niños a menudo son similares a las dosis para adultos (la razón es que los niños preadolescentes tienen una alta tasa de metabolismo hepático, y cuando toman medicamentos, una cantidad significativa de la medicación se metaboliza en el hígado, dando lugar a niveles sanguíneos del fármaco más bajos. Por lo tanto, a menudo son necesarias dosis mayores —es decir, de adultos— para lograr niveles adecuados de la medicación en la sangre).
- Por desgracia, suele llevar mucho más tiempo en general para que los antidepresivos comiencen a reducir los síntomas en los jóvenes (no pocas veces entre ocho y doce semanas). Por lo tanto, es muy importante ser paciente y seguir con el tratamiento hasta que los efectos de la droga sean evidentes.
- Los antidepresivos no crean un hábito.

Tratamiento con medicamentos para el trastorno bipolar

Por favor, consulta el capítulo 17.

Las dosis recomendadas para todos los medicamentos que figuran en las dos páginas siguientes son rangos de dosis para adultos (edades de dieciséis a sesenta años). Se presentan con precisión de acuerdo con la normativa vigente, al entender del autor. Sin embargo, no están destinados a servir como guía para los medicamentos recetados. Si eres médico, por favor, consulta la hoja de información de producto del fabricante o el vademécum para cualquier cambio en la pauta de administración o contraindicaciones.

Figura 15-C

Medicamentos antidepresivos comunes

Nombres		Rango de dosis terapéutica diaria	Sedación	Efectos ACH[1]
Genérico	Marca			
Imipramina	Tofranil	150-300 mg	Media	Medio
Desipramina	Norpramin	150-300 mg	Baja	Bajo
Amitriptilina	Elavil	150-300 mg	Alta	Alto
Nortriptilina	Aventyl, Pamelor	75-125 mg	Media	Medio
Protriptilina	Vivactil	15-40 mg	Media	Medio
Trimipramina	Surmontil	100-300 mg	Alta	Medio
Doxepina	Sinequan, Adapin	150-300 mg	Alta	Medio
Clomipramina	Anafranil	150-250 mg	Alta	Alto
Maprotilina	Ludiomil	150-225 mg	Alta	Medio
Amoxapina	Asendin	150-400 mg	Media	Bajo
Trazodona	Desyrel	150-400 mg	Alta	Ninguno
Fluoxetina*	Prozac, Sarafem	20-80 mg	Baja	Ninguno
Bupropion, SR*	Wellbutrin, SR	150-400 mg	Baja	Ninguno
Sertralina*	Zoloft	50-200 mg	Baja	Ninguno
Paroxetina*	Paxil, Paxil CR-	20-50 mg	Baja	Bajo
X.R. Venlafaxina*	Effexor XR	75-550 mg	Baja	Ninguno
Nefazodona*	Serzone	100-500 mg	Media	Ninguno
Fluvoxamina*	Luvox	50-300 mg	Baja	Bajo
Mirtazapina*	Remeron	15-45 mg	Media	Medio
Citalopram*	Celexa	10-60 mg	Baja	Ninguno
Escitalopram*	Lexapro	5-20 mg	Baja	Ninguno
Duloxetina	Cymbalta	20-80 mg	Baja	Ninguno
Atomoxetina	Strattera	60-120 mg	Baja	Bajo
Reboxetina*	Vestra	4-8 mg	Baja	Ninguno
Fenelzina[2]	Nardil	30-90 mg	Baja	Ninguno
Tranilcipromina[2]	Parnate	20-60 mg	Baja	Ninguno
Hipérico[3]	Hierba de san Juan	600-1800 mg	Ninguna	Ninguno
SAM-e[4]	SAM-e	400-1600 mg	Ninguna	Ninguno

[1] Los efectos ACH (efectos secundarios anticolinérgicos) incluyen: sequedad de boca, estreñimiento, dificultad para orinar y visión borrosa.

[2] MAOI (inhibidores de la MAO). Clase única de medicamentos. Requieren un cumplimiento estricto de régimen alimenticio y medicación.

[3] Este producto sin receta a base de hierbas tiene cierto apoyo de la investigación en cuanto a su eficacia en el tratamiento de la depresión leve a moderada. Puede causar graves efectos si se combina con otros medicamentos. Consulta siempre a tu médico o farmacéutico si es seguro tomar hierba de san Juan con cualquier otro medicamento prescrito.

[4] Este producto sin receta tiene cierto apoyo de la investigación en cuanto a su eficacia en el tratamiento de la depresión. Debe tomarse con un suplemento de vitamina B. SAM-e es la abreviación de 5-adenosilmetionina.

* Medicamentos antidepresivos de «nueva generación».

Figura 15-D
Tranquilizantes menores[1]

Nombres: tranquilizantes

Genérico	Marca
Clordiacepóxido	Librium
Diazepam	Valium
Oxazepam	Serax
Clorazepato	Tranxene
Prazepam	Centrax
Lorazepam	Ativan
Clonazepam	Klonopin

Nombres: sedantes[2]

Genérico	Marca
Flurazepam	Dalmane
Temazepam	Restoril
Triazolam	Halcion
Quazepam	Doral
Zolpidem	Ambien
Estazolam	Prosom
Zaleplón	Sonata

Nombres: Medicamentos antipánico

Genérico	Marca
Alprazolam	Xanax
Clonazepam	Klonopin
Lorazepam	Ativan

[1] Todos pueden crear dependencia.
[2] Sedantes: medicación utilizada para tratar el insomnio.

166

16

¿Son los tratamientos médicos la única respuesta a la depresión biológica?

¿**Q**ué pasa con tu estilo de vida? ¿Existen medidas no médicas que puedas tomar para combatir la depresión? ¿Es posible cambiar la «química del cerebro» sin medicamentos? Las respuestas a estas preguntas frecuentes son alentadoras, aunque no absolutas.

La mayoría de las depresiones biológicas de moderadas a severas requieren tratamiento con medicamentos. Al mismo tiempo, sin embargo, hay enfoques no médicos que a menudo son útiles en el tratamiento de las formas más leves de depresión o como un complemento al tratamiento médico o la psicoterapia. Vamos a explorar algunos de ellos en este capítulo.

¡Mamá tenía razón! ¡Necesitas dormir!

Como hemos visto en capítulos anteriores, una característica central de la depresión severa es la alteración del sueño. Casi cualquier persona que se haya estado privada de sueño o incluso haya pasado un par de noches de sueño de mala calidad, percibirá cuatro problemas comunes: aumento de la sensibilidad emocional, irritabilidad, fatiga diurna y dificultad para concentrarse.

Todos necesitamos dormir lo suficiente para funcionar con normalidad, tanto a nivel mental como físico. Muchos expertos coinciden en que una serie de síntomas depresivos pueden provenir de los trastornos del sueño que acompañan a la depresión. De hecho, uno de los principales síntomas específicos que sugiere la necesidad de un tratamiento antidepresivo es la alteración del sueño.

Pero la medicación no es la única respuesta para dormir bien. Hay maneras no médicas en que las personas pueden mejorar significativamente el sueño (formas que a menudo pueden marcar una diferencia notable en la disminución de los síntomas de la depresión). Vamos a examinar cuatro acciones que puedes llevar a cabo para mejorar el sueño y reducir los síntomas depresivos.

Temprano a la cama…

La fisiología humana evolucionó durante millones de años. Y al igual que con otros seres vivos, se han desarrollado una serie de ritmos biológicos e instintos humanos básicos de acuerdo con los ciclos diarios de luz y oscuridad. Antes del descubrimiento del fuego y otras fuentes de luz artificial, los seres humanos, sin duda, mantenían horarios diarios dictados por la luz solar: permanecían despiertos durante las horas de luz y dormían cuando estaba oscuro.

Pero el estilo de vida hoy en día no suele seguir horarios o rutinas estrictas. Las exigencias del trabajo, trabajar por turnos, los viajes, las actividades sociales o incluso la televisión pueden interrumpir nuestras tradiciones ancestrales de un patrón de vida dictado por la luz y la oscuridad.

Una manifestación de nuestros horarios modernos es el horario irregular de acostarse, y los horarios irregulares de sueño pueden alterar los relojes biológicos internos (el impacto de los patrones de sueño variables se ve con frecuencia de forma drástica en personas sometidas a un trabajo por turnos y al desfase horario). Esta irregularidad puede causar cambios en los niveles hormonales y la química del cerebro, dando lugar a nuevos trastornos del sueño, entre los que se incluye el insomnio. El ciclo se alimenta de sí mismo.

Las interrupciones a largo plazo de este tipo pueden dar lugar a cambios en lo que se llama la *arquitectura del sueño*. Cada noche, todos pasamos por varias etapas de sueño (puede que hayas visto películas de personas en experimentos de laboratorio del sueño conectadas a unos cables que miden la actividad cerebral mientras duermen. Se producen cambios medibles durante todo el ciclo del sueño). Las etapas del sueño varían entre el *sueño ligero* y el *sueño profundo*. Se ha averiguado que la depresión a menudo altera de forma drástica la arquitectura del sueño y puede dar como resultado un sueño de muy baja calidad, especialmente una reducción en la cantidad de tiempo empleado en el sueño profundo.

Por muy simple que pueda parecer, muchas personas se benefician en gran medida mediante la adopción de horarios altamente regulares de sueño (es decir, irse a la cama y despertarse a horas más o menos regulares cada noche). Esta acción puede, al cabo de unas semanas, normalizar la biología interna y mejorar el sueño. ¿Parece demasiado simple? No eres el único que lo piensa a primera vista. Es sencillo, pero inténtalo de todos modos. A muchas personas les funciona de un modo notable.

Tomar el sol

Existe otro ritmo biológico que tiene que ver con nuestra cantidad de exposición a la luz solar. Los primeros humanos estaban expuestos a luz exterior durante todo el día y a la oscuridad por la noche. En los tiempos modernos, la mayoría de las personas pasa menos del 10 por 100 de sus horas diurnas en el exterior. Trabajamos, jugamos y estudiamos en el interior. Una de las consecuencias de refugiarnos en el interior es una reducción radical en la exposición a la luz intensa. Como se mencionó en el capítulo 7, algunas formas de depresión severa (por ejemplo, el trastorno afectivo estacional), se deben principalmente a la disminución de exposición a la luz. Muchos investigadores también creen que la disminución de estimulación fótica (luz solar) puede contribuir de algún modo a otros tipos de depresión.

Un efecto interesante de aumentar la exposición a la luz durante el día es que puede ayudar a mejorar la calidad del sueño. La estimulación fótica parece tener un impacto en el funcionamiento del hipotálamo, una estructura cerebral involucrada en la regulación de los ciclos del sueño. Una hora al día de la exposición a la luz puede mejorar el sueño y reducir algunos de los síntomas de la depresión. ¡Una de los mejores (y más sencillas) maneras de lograrlo es simplemente salir a la calle cada día y dar un paseo!

Y eso nos lleva a la siguiente acción positiva: el ejercicio.

Muévete

El ejercicio regular es una de las cosas más importantes y decisivas que puedes hacer para disminuir la depresión. El ejercicio regular (especialmente el ejercicio a nivel aeróbico) se ha asociado con el aumento de ciertas sustancias químicas del cerebro *(endorfinas y serotonina),* las cuales pueden reducir los síntomas depresivos. Además, el ejercicio ha demostrado claramente tener un impacto positivo, de nuevo, en el sueño.

En mi experiencia clínica, he tratado a algunos pacientes severamente deprimidos que respondieron mal a procedimientos médicos/psicológicos estándar, pero cuando comenzaron un programa de ejercicio regular, además de la psicoterapia y la medicación, dieron un vuelco y mostraron una marcada mejoría por primera vez.

Investigaciones recientes sugieren que la «dosis» de ejercicio necesario para combatir la depresión es de treinta minutos, tres o cuatro veces a la semana. Es importante estar seguro de que la intensidad del ejercicio requerido está en consonancia con el propio nivel de condición física (es decir, para las personas que están menos en forma, caminar está muy bien, mientras que nadar o correr es apropiado para aquellos que están en mejor forma atlética). Esta estrategia ha demostrado por sí sola que reduce la depresión al cabo de dos o tres meses de ejercicio y puede ser un complemento útil al tratamiento antidepresivo y la prevención de recaídas. Para una «solución rápida», prueba entre diez y quince minutos de caminata rápida (esto suele reducir los pensamientos negativos, la falta de energía y el estado de ánimo depresivo casi de inmediato, y los efectos pueden durar de sesenta a noventa minutos). El ejercicio diario en forma de tres períodos de diez minutos de ejercicio también puede ser preferible a la estrategia de los treinta minutos tres o cuatro veces a la semana para este propósito. Es prudente consultar a tu profesional de atención primaria antes de comenzar cualquier programa de ejercicio vigoroso, incluso si el objetivo es contrarrestar la depresión.

Cuidado con lo que bebes

Hay dos sustancias ampliamente utilizadas que son conocidas por perturbar el sueño: el alcohol y la cafeína. Echemos un vistazo más de cerca a cada uno.

Alcohol. Posiblemente la droga que más se utiliza y de la que más se abusa en Estados Unidos. El alcohol puede proporcionar una sensación muy potente y rápida de liberación de la tensión física y puede promover un sentimiento temporal de euforia o relajación. Muchas personas que están deprimidas buscan el alivio rápido que proporciona el alcohol. Aunque mi intención no es ser moralista acerca de los problemas del consumo de alcohol, la evidencia muestra claramente que su consumo puede ser contraproducente, sobre todo durante un período prolongado de tiempo de forma regular y en cantidades moderadas o altas.

El alcohol en sí mismo es responsable del enorme *agravamiento* de los síntomas de la depresión. Sin embargo, el alcohol es una sustancia seductora porque el resultado inmediato de la bebida es el alivio, la persona percibe que el alcohol es útil. Pero el consumo prolongado en realidad origina un cambio en la neuroquímica del cerebro: *aumenta* (no alivia) la depresión. Además, aunque un par de bebidas pueden ayudar a uno a conciliar el sueño, el alcohol continúa trabajando en la propia química del cerebro. Una consecuencia clara es que, varias horas después de quedarse dormido, el bebedor puede experimentar «insomnio de rebote»; en realidad, los cambios químicos despiertan a la persona.

Un efecto secundario adicional de alcohol es que se reduce el tiempo empleado en el sueño profundo, por lo tanto interfiere aún más con el descanso que tanto necesitas.

Evitar, reducir o eliminar el consumo de alcohol en momentos de estrés es sólo una acción clave de autocuidado que puedes llevar a cabo para mejorar el sueño, y en general para aliviar la depresión. *(Nota:* Si has estado bebiendo mucho, es importante saber que la interrupción brusca del alcohol puede ocasionar un aislamiento muy desagradable y a veces peligroso; consulta a tu médico).

Cafeína. Esta droga ampliamente utilizada se encuentra en algunos lugares insospechados: en el café, por supuesto, y en una serie de otras sustancias que consumen las personas: té, ciertas bebidas (especialmente las bebidas de cola) y (¡horror!) *¡chocolate!* La cafeína también se esconde en una serie de medicamentos para el dolor (por ejemplo, Excedrin), y en una serie de pastillas adelgazantes.

Como el alcohol, la cafeína es una droga seductora. Como ya sabes, uno de los efectos físicos comunes de la depresión es una sensación de fatiga y disminución de la energía. La cafeína es un estimulante potente y puede proporcionar, con bastante rapidez, una sensación de mejora del estado de alerta y la energía. Algunos investigadores creen que la cafeína incluso tiene efectos antidepresivos leves y la utilizan sin duda algunas personas con depresión crónica para elevar su estado de ánimo.

La cafeína, como el alcohol, puede ser contraproducente. Los estudios sobre el consumo de cafeína y su abuso indican que cuando las personas ingieren más de doscientos cincuenta miligramos de cafeína al día (aproximadamente dos tazas de café), hay una alta probabilidad de desarrollar este tipo de síntomas relacionados con el estrés, como el nerviosismo, la tensión, la ansiedad y el insomnio. El riesgo de síntomas aumenta de forma drástica cuando la cantidad de cafeína supera quinientos miligramos por día.

El sueño también es un factor aquí. Un síntoma del uso de la cafeína que no suele ser reconocido, pero que es importante, es la interrupción de la calidad del sueño. Aunque seas capaz de irte a dormir, incluso cantidades moderadas de cafeína provocan un sueño significativamente más inquieto. Como consecuencia, no puedes obtener un descanso adecuado durante la noche, lo que conduce a la fatiga diurna excesiva. Para combatir esta fatiga, el típico bebedor de café o cola elige (lo has adivinado) beber más cafeína.

En tiempos difíciles, puede parecer una tontería preocuparse por la cantidad de café que estás bebiendo. Muchas personas desdeñan la noción de que la cafeína contribuye a los problemas emocionales, pero la investigación clínica muestra que la cafeína puede causar o exacerbar los síntomas relacionados con el estrés, especialmente los trastornos del sueño.

Ésta es la conclusión: *una acción decisiva que puedes llevar a cabo en momentos de depresión es reducir o eliminar la cafeína.* Ten en cuenta que, al igual que con otras drogas fuertes, si estás acostumbrado a consumir grandes cantidades de cafeína y lo dejas «en seco», es probable que experimentes importantes síntomas de abstinencia: ansiedad, inquietud, tensión y dolores de cabeza. De este modo, si te has acostumbrado a ingerir grandes cantidades de cafeína, deberás reducir *gradualmente* su consumo durante un período de dos o tres semanas, reemplazando progresivamente las bebidas con cafeína por bebidas descafeinadas.

CUESTIONARIO DE CONSUMO DE CAFEÍNA

		Número medio de gramos/dosis/tabletas al día	Promedio total por día
Bebidas			
Café (170 g)	125 mg	X _____ =	_____
Café descafeinado (170 g)	5 mg	X _____ =	_____
Té (con cafeína, 170g)	50 mg	X _____ =	_____
Cacao caliente (170 g)	15 mg	X _____ =	_____
Refrescos con cafeína (340 g)	40-60 mg	X _____ =	_____
Chocolatina	20 mg	X _____ =	_____
Medicamentos sin receta			
Anacin	32 mg	X _____ =	_____
Píldoras de control del apetito	100-200 mg	X _____ =	_____
Dristan	16 mg	X _____ =	_____
Excedrin	65 mg	X _____ =	_____
Excedrin forte	100 mg	X _____ =	_____
Midol	132 mg	X _____ =	_____
NoDoz	100 mg	X _____ =	_____
Triaminicin	30 mg	X _____ =	_____
Vanquish	33 mg	X _____ =	_____
Vivarin	200 mg	X _____ =	_____
Medicamentos con receta			
Cafergot	100 mg	X _____ =	_____
Fiorinal	40 mg	X _____ =	_____
Darvon compuesto	32 mg	X _____ =	_____

TOTAL EN MG DE CAFEÍNA POR DÍA _____

250 miligramos al día *pueden* interferir con el sueño profundo

¿Qué pasa con la dieta?

¿Somos realmente lo que comemos? Las preguntas sobre la dieta son muchas y es común preguntarse acerca de los efectos de la dieta en la salud emocional. La investigación muestra que en épocas de depresión la gente tiende a desarrollar malos hábitos alimenticios. Y a largo plazo, la mala nutrición contribuye a problemas de salud, incluso problemas de salud mental.

Sin lugar a dudas, la dieta y la salud están relacionadas. El problema es que todavía no sabemos exactamente *cómo*. Sin embargo, ha habido una gran cantidad de investigación activa en los últimos años y, aunque los resultados aún no son definitivos, es interesante observar algunos de ellos. Una encuesta extraordinariamente exhaustiva de investigación de «neurociencia nutricional», escrita por Randy Blaun y publicada en la revista *Psychology Today* en junio de 1996, informa de una serie de hallazgos que pueden ser importantes para nuestra comprensión de la depresión.

- Charles Glueck, médico e investigador de Cincinnati, observa que un alto nivel de colesterol en la sangre, en particular los triglicéridos, está relacionado con la depresión y la depresión maníaca. De hecho, la investigación de Glueck muestra *que el nivel alto de grasas sanguíneas por sí solo puede causar depresión*, y la reducción de la ingesta de grasa puede mejorar notablemente los síntomas depresivos.
- Una serie de estudios sugieren que una *reducción* radical y repentina de colesterol en la dieta se ha asociado con la reducción de los niveles de serotonina en el cerebro y resulta en un aumento de la irritabilidad y la depresión. Si tenemos en cuenta esto ante los hallazgos del doctor Glueck, obviamente, el papel de las grasas en la dieta y el estado de ánimo es complejo y aún no se entiende completamente, pero sí parece que alcanzar un nivel normal de colesterol es potencialmente útil en la lucha contra la depresión.
- Los hidratos de carbono no sólo pueden ayudarte a correr más rápido, pueden ser importantes para la función cerebral. La doctora Judith Wurtman del Instituto Tecnológico de Massachusetts (MIT), autora de *Serotonina* (Martínez Roca, 1997), encuentra que los carbohidratos *pueden ayudar a aliviar la ansiedad y la depresión*, a facilitar la capacidad del cerebro para convertir el triptófano en

serotonina (ya sabes por el capítulo anterior que ciertos productos químicos ayudan a llevar los impulsos eléctricos entre las células cerebrales y recordarás que la serotonina es uno de estos neuroquímicos; es un luchador contra la depresión). Sin embargo, los carbohidratos complejos son mejores (por ejemplo, frutas y verduras). Los carbohidratos simples (como las barras de azúcar y los dulces) sólo dan como resultado elevaciones muy temporales en el estado de ánimo, seguidas de un desplome de vuelta a la depresión y a menudo conducen al aumento de peso. Lo siento.

- Los estudios en el Departamento del Centro de Investigación de Nutrición Humana de Agricultura de Estados Unidos han demostrado que la *deficiencia grave de vitamina B (por ejemplo, tiamina, ácido fólico y niacina) puede alterar la función cerebral y llevar a altos niveles de ansiedad y depresión.* Los suplementos de ácido fólico han producido un alivio significativo de los síntomas de la depresión en algunos pacientes.

- Los refrigerios de proteínas sin hidratos de carbono suelen aumentar la energía, la motivación y la claridad mental. La proteína se encuentra con facilidad en: suplementos proteínicos, tofu, carnes magras o huevos.

- Se ha demostrado que una dieta regular rica en ácidos grasos omega 3 reduce la intensa inestabilidad del estado de ánimo en algunas personas. Las mejores fuentes de ácidos grasos omega 3 son el pescado y otros productos marinos. Los suplementos de aceite de pescado que se encuentran disponibles en tiendas de alimentos naturales también proporcionan este ácido graso.

- La doctora Barbara Strupp, profesora asociada de Psicología en la Universidad de Cornell, confirma lo que mamá siempre te dijo: la mejor manera de conseguir la combinación correcta de nutrientes cerebrales y neuroquímicos necesarios para luchar contra la depresión es *seguir una dieta equilibrada.* Por otra parte, dice Strupp: «El hecho de que obtengas beneficios o no depende de dónde comiences». Si tu dieta es deficiente en nutrientes esenciales necesarios para el funcionamiento óptimo del cerebro, es más probable que la adición de estos elementos te ayude.

- En una de las declaraciones más contundentes del informe de *Psychology Today*, el escritor Randy Blaun observa que: «... no sería prudente devorar enormes cantidades de vitaminas y minerales. Todavía no se han llevado a cabo estudios fiables sobre los efectos a largo plazo de las megadosis...».
- Aunque la investigación de vanguardia en la neurociencia nutricional es muy prometedora, *la evidencia aún no apoya firmemente los cambios en la dieta por sí solos como una manera efectiva para tratar la depresión.*

Sin embargo, he tenido pacientes que informan de que los enfoques dietéticos han reducido sus síntomas depresivos. Puede que encuentres cambios en tu dieta que sean una parte útil de tus propios esfuerzos para vencer la depresión, pero no te bases en la dieta (o en cualquier otro método) por sí sola.

En resumen...

Los tratamientos más potentes para la depresión son la psicoterapia y los medicamentos antidepresivos. La investigación lo ha dejado claro, pero hay una serie de enfoques que pueden marcar una diferencia, y las sugerencias formuladas en este capítulo son muy útiles para muchas personas deprimidas. Aun así, muchos de los que se sienten muy desanimados o sin esperanza encuentran que ideas como la reducción de la cafeína, hacer ejercicio o comer ciertos alimentos son tan triviales o es tan poco probable que sean de ayuda que no las probarán. En una guerra contra la depresión, *es necesario emplear todos los medios* y atacarla por todos los frentes posibles. Por favor, considera adoptar las sugerencias de este capítulo ¡y ponlas en práctica hoy! No hay garantías, pero creo que verás que te *van a ayudar*.

17

Trastorno bipolar: diagnóstico y tratamiento

Te estarás preguntando qué hace un capítulo llamado «Trastorno bipolar» en un libro sobre la depresión. La respuesta es más simple de lo que piensas. La enfermedad que ahora se conoce como *trastorno bipolar* se llamaba anteriormente enfermedad *maníaco-depresiva*. Al igual que la depresión, es un trastorno del estado anímico y sus principales síntomas son severos y rápidos cambios entre la depresión y un estado de alta actividad conocido como *manía*. Parte de la discusión en este capítulo te puede sonar un poco técnica, pero es importante conocer algunos detalles sobre el trastorno bipolar como una parte clave de la comprensión de la depresión y cómo manejarla.

El trastorno bipolar es bastante común y afecta a entre el 3 y el 5 por 100 de la población durante la vida. Según el Instituto Nacional de Salud Mental: «El trastorno bipolar (antes llamado enfermedad maníaco-depresiva) es un tipo común de trastorno del estado de ánimo que afecta a entre el 3,5 y el 5 por 100 de la población (prevalencia vitalicia)». De acuerdo con el Instituto Nacional de Salud Mental: «El trastorno bipolar [...] es un trastorno cerebral que causa cambios inusuales en el estado de ánimo, la energía y la capacidad de funcionar de una persona, diferente a los altibajos normales por los que pasa todo el mundo. Los síntomas del trastorno bipolar son graves y pueden dar lugar a relaciones dañadas, bajo rendimiento escolar o laboral e incluso al suicidio. Pero hay buenas noticias: el trastorno bipolar se puede tratar y las personas con esta enfermedad pueden llevar una vida plena y productiva».

Ahora se aprecia que hay varios tipos diferentes de trastorno bipolar y el conjunto de éstos se suele denominar trastornos del espectro bipolar. Los trastornos bipolares son un grupo de enfermedades de transmisión genética que dan lugar a episodios de depresión y manía o hipomanía recurrentes (*véase* más adelante). Hay trastornos de larga duración que requieren tratamiento médico continuo. Los medicamentos estabilizadores del estado anímico pueden reducir eficazmente la gravedad y la frecuencia de los episodios; sin embargo, actualmente no existe una cura.

El 60 por 100 de los episodios maníacos son manías clásicas (*véase* la figura 17-A); el 40 por 100 se denominan disfóricos o manía mixta (*véase* la figura 17-B).

Figura 17-A
Síntomas de la manía clásica

- Euforia o un sentido exagerado de autoestima.
- Inquietud, agitación, hiperactividad.
- Alto nivel de energía.
- Disminución de la necesidad de dormir (por ejemplo, dormir tres o cuatro horas por noche, pero sin fatiga durante el día).
- Pensamientos y habla rápida y apresurada.
- Falta de juicio y comportamiento impulsivo; por ejemplo, gastar enormes cantidades de dinero, conducir rápido o de modo imprudente, abuso marcado de alcohol o de drogas, promiscuidad y participar en relaciones sexuales sin protección.
- Pueden darse síntomas psicóticos.

Los síntomas de disforia o manía mixta

- Síntomas en común con la manía clásica:
  - Agitación, inquietud, hiperactividad.
  - Disminución de la necesidad de dormir.
  - Pensamientos y habla rápida y apresurada.
  - Pueden darse síntomas psicóticos.
- Irritabilidad marcada.
- Pensamiento pesimista y negativo.
- Sentimientos de inutilidad.
- Ideas suicidas.

La *hipomanía* es una versión más suave de la manía que suele implicar síntomas del estado de ánimo mucho menos intensos. La hipomanía suele durar sólo entre dos y cuatro días y con frecuencia no se percibe como un signo de enfermedad por la persona que experimenta los síntomas (aunque la mayoría de las veces los miembros de la familia son claramente más conscientes de los cambios de humor y el aumento de energía). Durante algunos episodios de hipomanía, la persona puede sentirse muy motivada, productiva, ingeniosa, sociable y optimista (aunque a menudo existe una irritabilidad subyacente). Un signo muy común de hipomanía es una menor necesidad de sueño sin sentir fatiga durante el día.

Tres subtipos comunes del trastorno bipolar

- *Bipolar I:* Episodios depresivos severos y maníacos clásicos o disfóricos (a menudo con períodos de estados de ánimo normales o equilibrados entre episodios).
- *Bipolar II:* Se caracteriza por depresiones frecuentes, graves y prolongadas con breves episodios periódicos de hipomanía. Puede producirse un estado de ánimo normal y equilibrado entre los episo-

dios, pero a menudo durante esos momentos se da un estado anímico de bajo grado o de depresión leve.

- *Ciclotimia:* Depresiones leves e hipomanía (*Nota:* Esta versión menos severa del trastorno bipolar puede empeorar con el tiempo y la mayoría de las personas con ciclotimia finalmente se «convierten» en bipolar I o bipolar II).

Una complicación del trastorno bipolar afecta a alrededor del 20 por 100 de quienes lo sufren y se llama *ciclos rápidos.* Esto representa un tiempo limitado de empeoramiento de la enfermedad, en la que los episodios se producen con mayor frecuencia (es decir, cuatro o más episodios de depresión, manía o hipomanía al año). La mayoría de los casos de ciclos rápidos duran entre unos pocos meses y un año y medio y luego desaparecen. La causa más común del ciclo rápido es el uso o abuso de sustancias.

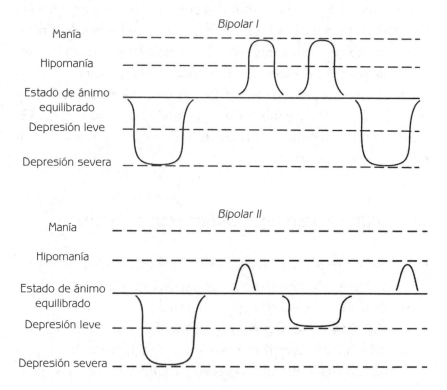

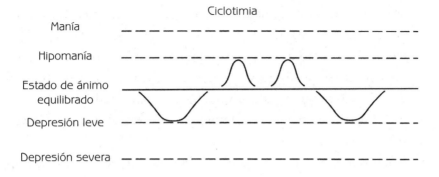

Ciclotimia

Manía

Hipomanía

Estado de ánimo
equilibrado

Depresión leve

Depresión severa

El trastorno bipolar debe ser tratado

La enfermedad bipolar no tratada o mal tratada conduce al desastre: carreras y matrimonios arruinados, abundantes problemas de salud física y una alta tasa de suicidio. Si no se trata, la mayoría de los casos de trastorno bipolar empeoran de manera progresiva. Cuanto antes se pueda diagnosticar y tratar esta enfermedad correctamente, mucho mejor.

Tratamientos para el trastorno bipolar

El tratamiento debe tener un enfoque doble: poner fin al actual episodio maníaco o depresivo *y* prevenir recaídas. Con el tratamiento médico apropiado, la mayoría de las personas pueden experimentar una marcada disminución en la frecuencia de episodios y su gravedad.

Gestión de estilo de vida. Las personas con trastorno bipolar tienen un sistema nervioso y estado de ánimo muy inestable y frágil, y los episodios pueden ser provocados por una serie de factores estresantes ambientales y físicos. Es especialmente importante que los pacientes bipolares regulen sus estilos de vida cuidadosamente: sin esto, los tratamientos médicos a menudo sólo son eficaces parcialmente. Los más importantes son:

- Mantener horarios regulares de acostarse y despertarse. Los patrones de sueño regulares son cruciales.
- Evitar el consumo de drogas y el abuso de alcohol como si fuera la peste (el abuso de sustancias es muy común en el trastorno bipolar y a menudo agrava significativamente la enfermedad).
- Evitar la falta de sueño, los cambios de turno en el trabajo y cruzar zonas horarias.
- Evitar o minimizar en gran medida el consumo de cafeína, ya que puede alterar significativamente la calidad del sueño.
- Mantener una cantidad estable diaria de exposición a la luz (por ejemplo, la luz del sol) durante todo el año.

Tratamientos médicos. Los episodios maníacos se tratan con distintos medicamentos conocidos como *estabilizadores del estado de ánimo* (*véase* la figura 17-C). Además, la manía suele tratarse con tranquilizantes menores (*véase* la figura 15-D) o *antipsicóticos atípicos (véase* la figura 17-D). Ten en cuenta que los medicamentos antipsicóticos atípicos ciertamente tratan los síntomas psicóticos si están presentes, sin embargo, también han resultado ser eficaces agentes antimaníacos. Los estabilizadores del estado de ánimo suelen necesitar diez días para comenzar a reducir los síntomas maníacos y varias semanas más para resolver de veras la manía (los antipsicóticos y tranquilizantes leves pueden reducir parte de la agitación severa observada en manías en unas horas o unos días). Una vez que los síntomas maníacos han disminuido, los estabilizadores del ánimo y a veces los antipsicóticos atípicos se seguirán utilizando para disminuir la probabilidad de episodios maníacos y depresivos en el futuro (éste es el pilar de la prevención de recaídas). La prevención total de recaídas rara vez se logra, aunque el tratamiento continuo con medicamentos puede reducir *significativamente* la frecuencia de los episodios y su severidad.

Los episodios depresivos observados en el trastorno bipolar suelen ser muy difíciles de tratar. Algunos estabilizadores del ánimo tienen efectos antidepresivos (especialmente Lamictal y posiblemente Depakote y el litio), así como la droga Symbyax (una combinación de un antidepresivo y un antipsicótico). Los antidepresivos también se utilizan a menudo en combinación con estabilizadores del estado de ánimo para tratar la depresión bipolar, aunque existe cierta controversia en cuanto a su uso. Existe alguna evidencia de que los antidepresivos pueden agravar la enfermedad bipolar o provocar cambios de la depresión a la manía o hipomanía. Si estás siendo tratado con antidepresivos, por favor habla de este tema con tu médico (puedes encontrar más información sobre los riesgos de los antidepresivos en la depresión bipolar en la página web del Instituto Nacional de Salud Mental: www. nimh.nih.gov.).

El 70 por 100 de las personas que reciben tratamiento para la enfermedad bipolar en Estados Unidos son tratadas con dos o más estabilizadores del estado de ánimo a la vez. Se ha averiguado que este tipo de terapia de combinación suele ser eficaz y necesaria.

Éstos son los hechos duros: el tratamiento con medicamentos *debe* continuar durante toda la vida. Sin esto, el trastorno bipolar puede agravarse más con rapidez y ser difícil de tratar. Sin embargo, *la mayoría* de las personas con trastorno bipolar interrumpen el tratamiento (contra el consejo de su médico) y la razón principal es debido a los efectos secundarios. Desafortunadamente, los estabilizadores del áni-

Figura 17-C		
Estabilizadores del estado de ánimo		
Nombres genéricos	*Marca*	*Rango de dosis terapéutica diaria*
Carbonato de litio	Eskalith, Lithonate	600-2400 mg
Carbamazepina	Tegretol	600-1600 mg
Oxcarbazepina	Trileptal	1200-2400 mg
Divalproex	Depakote	750-1500 mg
Gabapentina	Neurontin	300-2400 mg
Lamotrigina	Lamictal	50-500 mg
Topiramato	Topamax	25-300 mg

Figura 17-D

Antipsicóticos atípicos

Nombres genéricos	Marca	Rango de dosis terapéutica diaria
Olanzepina	Zyprexa	5-20 mg
Risperidona	Risperdal	2-12 mg
Ziprasidona	Geodon	60-160 mg
Quetiapina	Seroquel	150-400 mg
Aripiprazol	Abilify	15-30 mg
Clozapina	Clozaril[1]	300-900 mg

1. Todos los fármacos antipsicóticos antes mencionados se han desarrollado durante la última década y son significativamente más seguros y mejor tolerados que los medicamentos antipsicóticos de primera generación. La clozapina es una excepción. Es un fármaco de vieja generación que tiene efectos secundarios significativos; se menciona aquí porque este fármaco, a pesar de los efectos secundarios problemáticos, ha demostrado ser un agente antimaníaco excelente y también es útil en la gestión a largo plazo de la enfermedad bipolar. Debido a sus efectos secundarios, rara vez se utiliza como tratamiento inicial, pero es un medicamento importante, especialmente en los casos difíciles de tratar.

mo son conocidos por causar efectos secundarios significativos. La discusión de los muchos y variados efectos secundarios está más allá del alcance de este libro. Sin embargo, sé abierto y asertivo con tu médico respecto a los problemas de los efectos secundarios. A menudo, éstos se pueden minimizar con un cambio en los medicamentos o con una modificación en su dosis. La interrupción de los estabilizadores del estado anímico iniciada por los pacientes se ha traducido en muchos desastres, y este tema se debe tomar muy en serio.

Viñeta bipolar

Sandy es una profesora de Matemáticas de veintiséis años, extrovertida, muy popular y exitosa en un colegio de la comunidad local. Hace poco, llamó por teléfono a una serie de estudiantes suyos en mitad de la noche diciéndoles que bajaran a su oficina de inmediato. Diez de sus estudiantes, de hecho, aparecieron en el campus a la una de la mañana y la encontraron en un estado de excitación, con ganas de hablarles acerca de una nueva ecuación matemática que había «descubierto» en los últimos dos días. Esta experiencia en mitad de la noche hizo que los estudiantes se preocuparan mucho. Al día siguiente se enteraron de que su profesora estaba en el hospital.

Después de tres días en la unidad de psiquiatría del hospital local, Sandy comenzó a calmarse y a enfrentar la realidad de que había pasado una semana increíble. Al principio, sintió un aumento de energía y prácticamente una necesidad de dormir nula; había estado eufórica mientras por su mente corrían enormes y desenfrenadas ideas creativas. Ella comenzó a creer que había encontrado una nueva manera de ver las ecuaciones matemáticas que de alguna manera cambiaría el mundo. Sin embargo, dos días antes de su hospitalización, empezó a sentirse cada vez más agitada e inquieta. Sus pensamientos seguían siendo precipitados, pero estaba empezando a sentirse fuera de control y eso la asustó.

Dos semanas después de que su «reunión de clase» a media noche, Sandy estaba significativamente más calmada y racional. El medicamento que estaba tomando la estaba ayudando a sentar la cabeza y a sentirse ella de nuevo. Le dieron el alta después de informarle de que había tenido un episodio maníaco y que sufría de trastorno bipolar. Ella siempre había sido equilibrada y le asustaba pensar que de alguna manera había perdido el control de una manera tan profunda. Simplemente parecía imposible que ella pudiera tener una enfermedad mental.

¡La psicoterapia también es crucial!

Aunque el tratamiento con medicamentos es la columna vertebral del éxito de la terapia para el trastorno bipolar, una serie de estudios han demostrado claramente que la psicoterapia puede contribuir significativamente a obtener mejores resultados. La *terapia familiar* y la psicoeducación han resultado ser más útiles en el tratamiento de esta enfermedad. La terapia familiar tiene como objetivo ayudar a todos los miembros de la familia del paciente a entender más sobre el trastorno bipolar. El éxito a largo plazo del tratamiento del trastorno bipolar mejora significativamente si los miembros de la familia aprecian de verdad la naturaleza del trastorno. Es especialmente importante para ellos entender que muchos de los síntomas son impulsados por los cambios biológicos en la química del cerebro, y no están totalmente bajo el control de la persona que padece la enfermedad. Todos los miembros de la familia de la persona con trastorno bipolar pasan por su propio infierno en vida con la enfermedad. Los cambios de humor pueden ser devastadores para todos los que aman y se preocupan por la persona con el trastorno. Una comprensión realista de la enfermedad ayuda a los miembros de la familia a desarrollar una actitud más profunda de compasión y a buscar apoyo y una cura de su propio dolor emocional.

Muchos cambios de humor se intensifican por las tensiones en la vida de una persona y los conflictos interpersonales a menudo contribuyen mucho a este aumento de la inestabilidad del estado de ánimo. La terapia familiar se centra de forma activa en el desarrollo de habilidades de comunicación y de resolución de problemas que pueden ayudar a reducir este tipo de conflictos (véase Fast y Preston, 2004).

La *terapia psicoeducativa* es una forma de terapia breve que también puede implicar a un cónyuge o a la familia entera. El objetivo es ayudar a todos a entender los síntomas y las características de la enfermedad bipolar y su tratamiento. Las metas más importantes de este enfoque son el desarrollo de una actitud de compasión hacia el paciente y ayudar a que los miembros de la familia se conviertan en expertos en el reconocimiento de los primeros signos sutiles de otro cambio de humor inminente. Si se detectan temprano, muchos cambios de humor severos se pueden cortar de raíz y, a menudo, los miembros de la familia pueden percibir estos signos tempranos de alerta, incluso mejor que la persona que sufre la enfermedad bipolar.

La *terapia individual* es también muy importante en el tratamiento del trastorno bipolar, especialmente para ayudar a la persona a aceptar la dura realidad de tener que vivir con esta enfermedad crónica grave. A la larga se trata de pasar el duelo por la pérdida de una vida más estable y aprender a apreciar y cultivar los propios dones y fortalezas que se pueden realizar a pesar de la enfermedad bipolar.

Recursos adicionales para el trastorno bipolar

Miklowitz, D.J.: *The Bipolar Disorder Survival Guide.* Guilford Press, 2002. (Trad. cast.: *El trastorno bipolar: una guía práctica para familias y pacientes.* Paidós Ibérica, Barcelona, 2004).

Fast, J. y Preston, J.: *Loving Someone with Bipolar Disorder: How to Help and Understand Your Partner.* New Harbinger Publications, Oakland, California, 2004.

18

La depresión es un asunto familiar

Cuando alguien está deprimido, a menudo toda la familia se ve afectada. Este capítulo explora algunos de los problemas comunes que se presentan para las personas con depresión y sus familias.

«Nos preocupamos y queremos ayudarte»

Muchas veces, la primera respuesta a una depresión es que los amigos y miembros de la familia se reúnen en torno a la persona deprimida para expresar su preocupación y tratar de ayudarla. Al hablar con miles de pacientes deprimidos, es evidente que algunos tipos de «ayuda» son un gran apoyo, mientras que otros tipos en realidad empeoran las cosas. Es muy normal y natural que la gente diga: «Todo irá bien» o «No puede ser tan malo». Estos comentarios siempre son representativos de buenas intenciones, pero estas afirmaciones no ayudan. Casi siempre la persona deprimida se siente que: «En realidad, no lo entienden» o «¿Qué sabrán ellos? ¡Es así de malo!».

Algunas afirmaciones a primera vista suenan como un apoyo, pero llevan una crítica oculta: *«No deberías* sentirte tan disgustado», *«Debe-*

rías haberlo superado ya», *«No deberías* dejar que te afectara tanto». El mensaje subyacente es: «Hay algo malo en ti... No lo estás llevando bien... Deberías ser capaz de salir de esto». Puede que reconozcas estas «afirmaciones debería» como comentarios que no ayudan. Si las personas pudieran simplemente «salir» de una depresión, lo harían. Este tipo de comentarios a menudo dan como resultado una baja autoestima, lo que hace que una depresión empeore. Una paciente mía reciente dijo: «Tienen razón..., no debería estar tan disgustada. Es sólo que hay algo defectuoso en mí». Se sentía peor.

El problema es que incluso las personas cariñosas y que se preocupan no suelen conocer el proceso de duelo normal. Muchas personas simplemente no entienden que es normal y adaptativo sentir y expresar el dolor después de las pérdidas, y que las heridas emocionales no se curan con rapidez. La mayoría de las personas que nunca han experimentado la depresión simplemente no entienden lo que es estar deprimido.

¿Por qué se alejan las personas?

Mientras que una persona deprimida a veces puede desear estar sola, el aislamiento prolongado no es útil en general. Justo cuando uno puede necesitar mantener el contacto con los demás, los amigos y la familia a menudo lo rehúyen. ¿Por qué? Principalmente porque es difícil estar cerca de alguien que está deprimido por varias razones. Suele ser muy doloroso experimentar el dolor o la pena de otra persona. Estas emociones pueden tocar sentimientos similares en nosotros mismos. Además, muchas personas no encuentran palabras, no saben qué decir y tienen miedo de molestar involuntariamente a sus amigos. Puede ser muy frustrante estar cerca de alguien que ha estado deprimido durante mucho tiempo. La frustración y la culpa pueden conducir a la irritabilidad y aumentar la distancia en una relación. Un cónyuge y otros seres queridos pueden alejarse, y la persona deprimida se siente aún más sola cuando los familiares no entienden la depresión.

Aaron Kennedy es un hombre de negocios de cuarenta y un años cuya esposa ha tenido serios problemas recurrentes con depresiones durante los últimos cinco años. Él vino a verme para hablar de sus sentimientos con respecto a la depresión de su esposa:

«Honestamente, amo a mi esposa. Hemos tenido una buena vida juntos y me siento muy mal por ella cuando se siente deprimida. Pero yo estoy sencillamente agotado. Sigo tratando de apoyarla. Le digo que la quiero y que las cosas van a mejorar, pero ella sigue pareciendo estar muy deprimida. A veces trato de hacer que salga de eso, que simplemente venga conmigo a dar una vuelta por el campo. Se siente muy cansada y no quiere venir, y yo me enfado mucho con ella. Me apetece decirle: "¿Qué pasa contigo? ¿Por qué no lo intentas por lo menos?". Pero me siento culpable porque sé que ella no puede evitarlo».

Entonces, ¿qué puede hacer una familia?

Un paso importante es obtener información acerca de la depresión. Aunque puede haber muchas cosas que las personas deprimidas pueden hacer para ayudarse a sí mismas, nadie es capaz de «salir de ella» por arte de magia. La depresión es un momento de parálisis emocional. Los familiares y amigos a menudo creen que sus seres queridos pueden ayudarse a sí mismos «si quisieran». Esa idea es un mito. Si los miembros de la familia consiguen llegar a entender lo difícil que puede ser escapar de las garras de una depresión, puede ser mucho más fácil para ellos aceptarla y tolerarla.

Una segunda cosa que ayuda es *mostrar aceptación de los sentimientos de la persona deprimida*. Dejar que la persona sepa: «Sé que sientes dolor», pero no tratar de que hable abiertamente de las malas sensaciones. No es apropiado o saludable asumir la responsabilidad de tratar de curar la depresión de alguien. Un amigo o familiar sin duda puede proporcionar apoyo, cuidado y aliento, pero es una tremenda carga sentir que *«tengo que* animarlo». Es muy difícil de hacer, y «animarse» rara vez ayuda a la persona que se siente deprimida. Uno de mis pacientes, que perdió a su hijo en un accidente automovilístico, me dijo recientemente:

«Estoy muy cansado de que la gente trate de animarme. Pero el otro día uno de mis amigos me dijo algo que me ayudó más que ninguna otra cosa. Me dijo: "Sam, sé que esto te ha estado matando. Me siento mal. Te quiero, Sam. Quiero que sepas que estoy aquí si me necesitas". Sentí que me entendía de veras».

Echemos un vistazo a esta declaración. El amigo de Sam no le dijo lo que «debería sentir». Más bien, reconoció con honestidad los sentimientos de Sam. A continuación, le dijo cómo se sentía al ver a su amigo sufriendo tanto dolor. Y, por último, dijo: «Estoy aquí si me necesitas». Este último punto es importante. Los momentos de depresión son momentos de tremenda soledad y mantener el contacto con los demás es de una ayuda considerable.

En pocas palabras, un mensaje de cuidado y apoyo apropiado podría ser: «Sé que esto te duele mucho. Me importa cómo te sientes. Estoy disponible».

Sin embargo, puede que las palabras de apoyo no sean suficientes. Si tu amigo o ser querido se ha quedado inmovilizado por la apatía, el cansancio y la desesperanza, es muy importante *promover una visita con un profesional de la salud mental* o un médico de cabecera.

Por último, puedes ayudar a tu familiar deprimido si *te cuidas a ti mismo*. Tú tienes necesidades y sentimientos que no se deben pasar por alto. Está bien que puedas experimentar un poco de diversión, incluso si la persona deprimida no lo hace. También debes aprender a reconocer tus sentimientos de frustración, irritación y desesperación; de lo contrario, puede que también te sientas abrumado. En la terapia, Aaron Kennedy fue cada vez más consciente de sus frustraciones sobre su esposa deprimida. De hecho, ella había percibido su resentimiento y en realidad se sintió mejor cuando finalmente fue honesto con ella. Es de gran ayuda ser sincero acerca de esos sentimientos y evitar culpar a la otra persona. Puede ser útil para *todos* los miembros de la familia hablar de forma conjunta con un terapeuta acerca de cómo se sienten. Tu capacidad para servir de apoyo puede continuar sólo mientras te ocupes de algunas de tus propias necesidades y sentimientos.

Los miembros de la familia, sobre todo los que viven con la persona deprimida, inevitablemente juegan un papel en la depresión. Una preocupación sensible por los sentimientos del ser querido, estar disponible cuando sea necesario y evitar una actitud «animada» poco realista puede resultar una verdadera ayuda.

Asesoramiento para los amigos o familiares de seres queridos deprimidos que se niegan a buscar tratamiento

La desesperanza y el pesimismo es una característica central de la depresión y a menudo están en la raíz de la renuencia a buscar ayuda profesional. Suplicar a un familiar deprimido que reciba tratamiento a veces cae en oídos sordos. Y esto puede ser terriblemente molesto para otros que tienen que presenciar el sufrimiento continuo y se sienten incapaces de convencer a la persona deprimida para buscar ayuda.

Para complicar las cosas, la terquedad y la vergüenza suelen ser los factores subyacentes que dan lugar a una negativa a recibir tratamiento. La autosuficiencia y la mentalidad de «levantarse uno mismo», por desgracia, se fomentan en nuestra cultura. Sin embargo, los hechos son claros. Casi nadie puede simplemente «salir de» una depresión. Y esto no tiene nada que ver con el intelecto de uno, la fuerza de voluntad o la fuerza global de carácter.

Espero que las siguientes sugerencias resulten útiles para compartirlas con un amigo o familiar que se niega a recibir ayuda.

Éstos son los hechos:

- La depresión grave afecta, en última instancia, a una de cada seis personas.

- La depresión afecta incluso a personas fuertes, competentes y brillantes (por ejemplo, consideremos a hombres como Churchill y Lincoln, que sufrían de depresión).
- Ninguna cantidad de estímulo por sí solo puede llevar a alguien salir de la depresión… «Anímate…, mira el lado bueno de la vida…, sal de ahí». Tú sabes que es verdad; a la larga, ese tipo de consejos en realidad no ayudan.
- Sin tratamiento, la depresión suele durar doce meses o más. Puede durar años.
- La depresión generalmente empeora antes de mejorar.
- La depresión puede arruinar matrimonios y carreras.
- Más del 80 por 100 de las personas que reciben tratamiento apropiado tienen una buena recuperación.
- Buscar tratamiento es un experimento seguro de bajo riesgo. Por favor, considera esto: ¿qué puedes perder si vas a terapia durante un período de al menos un mes? Dale una oportunidad y luego juzga tú mismo.

Y, por último, recibir tratamiento es tomar medidas (en lugar de someterse de forma pasiva). Es un acto de bondad hacia ti mismo, y lo que es más, puede ser una de las cosas más importantes que jamás hagas por el bien de tus seres queridos.

19

¡Hay esperanza!

Sentirse desanimado o sin esperanzas cuando uno está deprimido es una experiencia muy común.

En este libro he discutido tanto los enfoques de autoayuda como el tratamiento profesional. Para la gran mayoría de los adultos deprimidos estos enfoques son muy exitosos. Sin embargo, cuando te sientes bloqueado o sin motivación es difícil empezar a ayudarte a ti mismo. Si esperas a sentirte motivado antes de tomar medidas, puede que estés esperando por un largo tiempo. Pasa a la acción *ahora,* incluso si la energía o motivación no están ahí.

Si te sientes deprimido, es importante comenzar a utilizar *las estrategias de autoayuda,* o *llamar y concertar una cita con un terapeuta.* Sé que esto es a veces muy difícil de hacer. De hecho, empezar (sólo a hacer *algo)* puede parecer una tarea imposible. Tal vez te resulte más fácil confiar en un amigo cercano o un familiar como un primer paso. Le podrías decir algo como esto: «Me he estado sintiendo deprimido Sé que tengo que hacer algo al respecto, pero estoy teniendo problemas para empezar. Necesito tu ayuda». A continuación, puedes pedirle a tu amigo o familiar que te ayude y que te anime. Esta persona podría, en cierto sentido, mantenerte «en el camino», asegurándose de que hagas cosas tales como llamar y concertar una cita con un terapeuta o empezar a utilizar algunas técnicas cognitivas a diario. El apoyo de un amigo podría ser justo lo que necesitas para ayudarte a dar ese difícil primer paso. ¡Llama a alguien! Es muy valioso mantener el contacto con los demás cuando te sientes deprimido.

Uno de mis pacientes recientemente dijo: «Yo había estado muy deprimido durante meses. No dejaba de pensar que no debería sentirme tan mal y que debería salir de ello. Me sentí un poco mejor, pero no duró mucho y me encontraba cada vez peor. No sé por qué he esperado tanto tiempo para recibir terapia. Lo que finalmente marcó la diferencia fue contárselo a mi mejor amiga. Ella me escuchó y luego dijo: "Busca ayuda". Ojalá hubiera venido a verte antes».

Decir «No debería sentirme tan mal» rara vez ayuda. O te sientes mal o no. Lo importante es llamar para concertar una cita, empezar un tratamiento, probar algún trabajo de autoayuda o hacer algo activo para salir de la depresión. La adopción de medidas es crucial. A pesar de que no hay un solo remedio que pueda poner fin de inmediato a la depresión, dar el primer paso puede hacer que te sientas un poco menos indefenso. La acción es un antídoto para los sentimientos de impotencia.

Espero que un mensaje haya quedado claro en este libro. Todos somos seres humanos y es humano sentirse herido cuando nos enfrentamos a la pérdida y la decepción. La vida es a menudo difícil, y a veces es trágica. Gracias a Dios, sin embargo, hay maneras de lidiar con el dolor emocional, de llorar por nuestras pérdidas y de sanar. Incluso ante lo que parece una abrumadora desesperación, puedes superar la depresión y recuperarte; ser capaz de sentirte vivo otra vez.

¡Así que ponte en marcha y *haz algo* al respecto!

Te deseo lo mejor.

Bibliografía

BECK, A. T.: *Cognitive Therapy and the Emotional Disorders*. The New American Library, Inc., Nueva York, 1976.

BURNS, D. D.: *Feeling Good, The New Mood Therapy*. HarperCollins Publishers, Nueva York, 1999. (Trad. cast.: *Sentirse bien: una nueva terapia contra las depresiones*. Paidós, Barcelona, 2010).

—: *Feeling Good About Yourself*. Psychology Today Tapes, American Psychological Association, Washington D. C., 1999.

DUVENECK, M. J.; PORTWOOD, M. M.; WICKS, J. J. y LIEBERMAN, J. S.: «Depression in Myotonic Muscular Dystrophy». Archivos de *Physical Medicine and Rehabilitation*, vol. 67, pp. 875-877. 1986.

FAST, J. y PRESTON, J.: *Loving Someone with Bipolar Disorder: How to Help and Understand Your Partner*. New Harbinger Publications, Oakland, California, 2004.

KUSHNER, H. S.: *When All You've Ever Wanted Isn't Enough*. Pocket Books, Nueva York, 1986.

LEWISOHN, P. M. y GRAF, M.: «Pleasant activities and depression». *Journal of Consulting and Clinical Psychology*, 41: 261-268. 1973.

MARK, R.: *Bipolar Disorder: A Guide for Patients and Families*. Johns Hopkins University Press, Baltimore, Maryland,1999.

OSTERWEIS, M.; SOLOMON, F. y GREEN, M. (Eds.): *Bereavement: Reactions, Consequences and Care*. National Academy Press, Washington D. C., 1984.

PRESTON, J.: *Depression and Anxiety Management* (cinta de audio). New Harbinger Publications, Oakland, California, 2001.

PRESTON, J. D. y JOHNSON, J. R.: *Clinical Psychopharmacology Made Ridiculously Simple*. MedMaster, Inc., Miami, Florida, 2004.

PRESTON, J. D.; O'NEAL, J. y TALAGA, M.: *Consumer's Guide to Psychiatric Drugs*. New Harbinger Publications, Oakland, California, 2000.

Revista *Time*: «Talk is as Good as a Pill: NIMH study shows psychotherapy lifts depression, 60. 1986.

Otras lecturas recomendadas

BECK, A. T.; RUSH, A. J.; SHAW, B. F. y EMERY, G.: *Cognitive Therapy of Depression*. The Guilford Press, Nueva York, 1979. (Trad. cast.: *Terapia cognitiva de la depresión*. Desclée de Brower, Bilbao, 2006).

BECKFIELD, D.: *Master Your Panic* (tercera edición). Impact Publishers, Atascadero, California, 2004.

BOENISCH, E. y HANEY, C. M.: *Stress Owner's manual* (segunda edición). Impact Publishers, Atascadero, California, 2003.

BUTLER, P. E.: *Talking to Yourself: Learning to Communicate With the Most Important Person In Your Life*. Stein and Day, Nueva York, 1981.

FIERE, R.: *Mood Swings*. Bantam Books, Toronto, 1975.

GOLD, M. S.: *The Good News about Depression*. Bantam Books, Toronto, 1986.

GREIST, J. H. y JEFFERSON, J. W.: *Depression and its Treatment: Help for the Nation's #1 Mental Problem*. American Psychiatric Press, Inc., Washington D. C., 1984.

KUSHNER, H. S.: *When Bad Things Happen To Good People*. Avon Books, Nueva York, 1980.

PRESTON, J.: *Life is Hard* (cinta de audio). Impact Publishers, Atascadero, California, 1996.

STEARNS, A. K.: *Living Through Personal Crisis*. Ballantine Books, Nueva York, 1984.

Índice analítico

A

Abandono temprano 51, 76
abuso de drogas 163, 201
abuso físico 54, 57, 201
abuso sexual 57, 76, 202
abuso sexual infantil 57, 76
acciones 93, 168, 201
ácidos grasos omega 3 158, 176, 201
ácidos grasos SAM-e 158, 165, 201
actividades significativas 34, 84, 201
Administración de Alimentos 159, 201
adolescentes 13, 40, 41, 145, 163, 164, 201
Afirmaciones «debería» 107, 108, 112
alcohol 29, 39, 52, 68, 69, 73, 76, 135, 142, 148, 157, 160, 171, 172, 173, 180, 184, 201, 202
alcoholismo 28, 38, 163, 201
alteración del apetito 27, 28, 37, 44, 45, 67, 133, 148, 150, 153, 155, 174, 201, 202
alteración del sueño 37, 151, 167, 168
alteraciones de la concentración 29, 38, 39, 85, 201

alteraciones del apetito 133, 202
Alzheimer, enfermedad de 39, 41, 203
análisis conductual cognitiva 140
anhedonia 28, 38, 40, 41, 133, 147, 153, 201
anorexia nerviosa 38, 201
anorgasmia 155, 201
ansiedad 39, 69, 140, 155, 173, 175, 176, 201, 203
ansiedad 29, 39, 52, 155
antidepresivos 30, 31, 47, 82, 85, 86, 97, 134, 142, 147, 148, 151, 152, 154, 155, 157, 158, 159, 160, 161, 162, 163, 164, 165, 172, 177, 184, 185, 201, 204, 206
antidepresivos sin receta 158, 165, 174, 201
antipsicóticos atípicos 184, 201
apatía 19, 34, 90, 127, 128, 130, 131, 194, 201, 202
apnea del sueño 70, 71
Asesores 145
Asesores matrimoniales 145
Asociación Americana de Psiquiatría 86, 201

Índice

Ruby Wax

DOMESTICA
TU MENTE

Mindfulness para nuestro tiempo

EDICIONES OBELISCO

«Pese a que he pasado por la montaña rusa de la depresión durante gran parte de mi vida adulta, este libro no está dirigido sólo a individuos depresivos. En la actualidad, una de cada cuatro personas está mentalmente desequilibrada. Yo me considero esa una de cada cuatro personas, pero este libro está pensado para cuatro de cada cuatro: es decir, para todo el mundo, pues considero que todos compartimos las mismas vicisitudes: sufrimos, reímos, nos enfurecemos, nos quejamos; todos somos vulnerables, y tras nuestras duras fachadas, somos unas frágiles criaturas».

La autora Ruby Wax, humorista, escritora y activista en defensa de la salud mental, nos muestra con precisión de qué modo nuestras críticas internas actúan incesantemente sobre nuestro circuito mental, de forma que nuestra mente puede llegar a hacernos enloquecer.

En esta obra la autora nos ayuda a comprender por qué motivos saboteamos nuestra cordura, cómo funciona nuestro cerebro y cómo podemos reconfigurar nuestra forma de pensar –a menudo a través de las sencillas técnicas de mindfulness–, para encontrar la calma en el frenético mundo que nos rodea.

Es éste un libro que te ayudará a convertirte en amo, y no en esclavo, de tu mente. Un manual para llevar una vida más equilibrada, completa y feliz.